RECUEIL

DE

PIÈCES DIALOGUÉES.

RECUEIL
DE PIECES DIALOGUÉES
OU
GUENILLES DRAMATIQUES.

Ramassées dans une petite Ville de Suisse.

Par l'Auteur de CAMILLE, LAURE, &c.

TOME PREMIER.

A GENEVE,

Chez FRANÇ. DUFART, Imprimeur-Libraire.

ET *À PARIS,*

Chez { MOUTARD, Libraire de la Reine, rue des Mathurins.
DESENNE, Libraire, au Palais-Royal.

M. DCC. LXXXVII.

LE
MENDIANT VERTUEUX,

Drame en proſe, & en cinq Actes.

Où la vertu va ſe nicher !

LA FONTAINE.

ACTEURS.

PHILIPPE, pauvre mendiant, habillé en conſéquence, mais ſans guenilles; un ſac de toile ſur le dos, un bâton à la main.

MARIE, nièce de Philippe, habillée proprement comme une ouvrière.

Madame DE VERBONNE.

VERSORAN.

ERASTE.

ANTOINE, payſan.

La Scène eſt ſous des arbres, dans l'avenue de madame DE VERBONNE. *Il y a des pierres, un banc.*

LE MENDIANT VERTUEUX,

Drame en cinq Actes.

ACTE PREMIER.

SCENE PREMIERE.

PHILIPPE *seul, excédé de fatigue, s'avance lentement.*

JAMAIS je n'ai été aussi fatigué... j'ai cru que je ne pourrois arriver... J'ai mis une heure à faire cette demi-lieue... La pauvre femme !... en quel état je l'ai laissée : hélas ! mes soins sont inutiles, ses maux sont trop violens.... Je l'ai quittée pour venir chercher quelques secours pour elle & pour moi... *(Il s'assied sur une borne)*. Voilà bientôt vingt-quatre heures que je n'ai à-peu-près rien mangé... encore, si en me privant de tout, je pouvois prolonger sa vie, mais sa pauvre fille aura le malheur de la perdre : *(avec oppression)* mes maux s'augmentent aussi par la peine, par la misère... Ma nièce resteroit seule abandonnée; elle seroit bien malheureuse... Il est vrai, Antoine, ce brave laboureur, l'aime; il veut l'épouser : mais elle, *(il secoue la tête)* j'espère que la raison & la pauvreté... Hélas! à dix-huit ans & jolie, qu'est-ce que c'est que la raison? &, à cet âge, croit-on à la pauvreté... Il faudra bien cependant qu'elle y consente... Si Mad. De Verbonne savoit toutes nos angoisses, elle viendroit encore à notre secours, elle feroit bien plus... Il vaut mieux souffrir que d'être trop importun : jamais elle ne saura rien ni de ma belle-sœur, ni de sa fille. Il faut craindre de rebuter la charité : tant que je pourrai leur aider & les secourir....

SCENE II.

PHILIPPE & MARIE.

MARIE, *en se jetant dans les bras de son oncle.*

Ah mon oncle! ah mon père...

PHILIPPE.

Eh! mon enfant, pourquoi viens-tu ici,

tu ſais que je ne veux pas que tu ſois connue, ſurtout dans ce canton, & encore moins de cette dame ſi charitable qui nous fait tant de bien.

MARIE.

Hélas! mon oncle, en retournant ce matin auprès de ma mère, je n'ai pu m'empêcher de me détourner & de paſſer ici dans l'eſpérance de vous voir, je ſais que depuis hier vous n'avez point quitté ma mère; lorſque pour mon travail je ſuis forcée de m'éloigner d'elle, vous ne l'abandonnez point; vous vous privez de tout pour elle. Je n'ai pu la rejoindre plutôt, & je ſavois que vous étiez obligé d'être ici à ces heures: je connois vos maux, j'ai voulu être sûre de vous voir, je voudrois ſavoir ſi mes foibles ſecours... mais jamais je ne ſerai aſſez heureuſe....

PHILIPPE.

Mon enfant, j'attends les ſecours avec patience & réſignation, j'aurai toujours la force de ſupporter la misère & les maux auxquels nous ſommes expoſés: prenons courage, ma nièce, bientôt peut-être tu auras auſſi beſoin de réſignation... *(D'un air affligé)* Ta pauvre mère....

MARIE.

Ah! mon oncle, eſt-elle plus mal? dites-moi comment vous l'avez laiſſée; je tremble, vous m'avez forcée hier de la quitter ; je revole auprès d'elle.... Dites-moi seulement comment vous êtes... Si vous souffrez.. Si je ne pourrai....

PHILIPPE.

Non, ma chère fille, aujourd'hui ne pense point à moi, ce jour sera peut-être le dernier.... J'ai laissé auprès de ta mère cette femme pauvre comme nous, qui lui donne ses soins, qui ne la quitte pas, & qui travaille auprès d'elle ; j'ai pourvu à ce qu'elle ne souffrît point de notre absence... Mais, écoute-moi, ce n'est pas dans la pauvreté que l'on peut se livrer aux sentimens de son cœur, il faut les étouffer & se laisser conduire par la nécessité ; j'ai bien senti ma dureté en t'éloignant hier de ta mère, mais ton travail est nécessaire à nos besoins nous ne pourrions subsister sans cela : je t'ai caché l'état dangereux où elle est, & si nous avons le malheur de la perdre, comme je le crains, il faut que ton cœur résiste à sa douleur, & que la raison...

MARIE.

Oh ciel ! quel désespoir ! mon ame est déchirée, mon oncle, mon cher oncle, je cours....

PHILIPPE.

Ecoute encore un moment.... j'exige de

toi que tu reftes cachée, que l'on ignore abfolument ici que tu es ma nièce, & que je partage avec toi tout ce que je reçois; nous pourrions rebuter la charité, l'indifcrétion éteint la bienfaifance, il ne faut pas en multiplier les objets; je veux attendre ici ma bienfaitrice, mad. de Verbonne, elle ne ceffe de me faire du bien, fon ame généreufe & compatiffante ne fe laffe jamais. Va auprès de ta mère, j'irai bientôt partager avec vous ce que j'aurai obtenu, enfuite tu retourneras à ton travail, c'eft par-là qu'il faut prouver ta tendreffe: je te le répète tous les jours, tu dois oublier l'éducation trop foignée que tu as reçue de tes parens, ils n'ont pas affez craint la pauvreté qui t'attendoit; va, ma chère nièce, fi tu éprouvois quelque nouveau malheur, j'irai pleurer avec toi.

MARIE.

Oh! mon oncle, vous êtes mon ange tutélaire, vous foutenez ma vie, & fans vous... (*Elle veut s'en aller, il la retient*).

PHILIPPE.

Dis-moi, ma chère fille, as-tu vu Antoine?

MARIE.

Antoine!

PHILIPPE.

Oui, Antoine le laboureur n'eft-il pas

venu auprès de toi, ne t'a-t-il pas cherchée ?

MARIE.

Hier je l'ai vu lorsqu'il revenoit des champs, il étoit bien las ; il étoit tout couvert de sueur, & cependant il est toujours si gai.

PHILIPPE.

Et ne t'a-t-il rien dit ?

MARIE.

Il m'a dit... Il parle toujours beaucoup Antoine : il dit tout, mais je ne l'ai pas écouté, j'étois occupée, & j'ai vite été auprès de ma mère.

PHILIPPE.

Et ce matin ?

MARIE.

Ce matin je l'ai entendu chanter de loin ; il est venu me demander si ma mère étoit toujours si malade ; & quand il a vu que j'étois prête à pleurer, il s'en est allé en se plaignant de ce qu'il ne peut jamais me consoler.

MARIE.

Antoine est un brave homme, ma nièce, il t'aime, nous y penserons ; va, tu as encore beaucoup de chemin à faire, que personne ne te voie ici, je crois entendre quelqu'un : je ne veux pas que Mad. de Verlonne sache que nous sommes ici une famille de pauvres, qui sait à quoi tient la confiance qu'elle me témoigne. Adieu, ma chère nièce, *(il l'embraſſe; elle s'en va)*. Je ne vois jamais cette pauvre enfant ſans attendriſſement, quels ſentimens elle a pour ſa mère! comme elle la ſert avec zèle & douceur! comme elle ſe prive de tout pour elle!... De la beauté, 18 ans, pauvre, que d'écueils! Elle n'aime pas Antoine, je le vois, cependant ce ſeroit un bon établiſſement, l'éducation qu'on lui a donnée étoit au-deſſus de ſon état. *(Il s'eſt retiré du côté oppoſé où eſt allé Marie)*.

SCENE III.

VERSORAN, ERASTE, PHILIPPE, *(un peu retiré)*.

VERSORAN, *en habit de cheval, botté*.

Eh bien, mon cher Eraſte, venez-vous faire cette promenade avec moi, je vais monter à cheval, j'ai dit qu'on amenât mes chevaux près d'ici; j'entre un moment chez Mad. De Verbonne.

ERASTE.

Comment, ſi matin?

VERSORAN.

Je veux prendre ſes ordres pour la journée, on a parlé d'une promenade, Mad. de Verbonne étoit malade hier, je veux ſavoir de ſes nouvelles.

ERASTE.

Je comprends, vous faites votre cour aſſidûment.

VERSORAN.

Oh! n'êtes-vous pas de ces gens inſupportables, qui ſuppoſent une paſſion & qui font un mariage dès qu'ils voient aller un homme deux fois dans une maiſon.

ERASTE.

Eh mais, quand on feroit celui-là, vous ne devriez pas vous en plaindre, Mlle. de Verbonne eſt charmante, de la plus jolie figure, fille unique; vous êtes très-heureux que vos avantages vous donnent le droit d'y prétendre.

VERSORAN.

Oui, bienheureux; il ſemble que ce n'eſt rien que de ſe marier, je vous avouerai que je trouve le mariage un peu bête; en reconnoiſſant le mérite & les charmes de Mlle. de Verbonne, permettez que ce calcul n'entre point dans mes projets. On fait ſa cour; on tâche de plaire; & puis, épouſe qui peut. Mais, mon cher ami, vous devriez y penſer; vous avez une raiſon, un bon ſens vraiment faits pour le ménage.

ERASTE.

Vous mériteriez que je réussisse auprès de Mlle. de Verbonne, vous seriez le premier à en être jaloux.

VERSORAN.

Moi, jaloux! point: je vous offre même mon secours, je voudrois que tous mes amis eussent des femmes; mais si vous ne réussissiez pas avec la fille, adressez-vous à la mère: elle est riche, aimable, vous serez peut-être mon beau-père, nous serions plus sûrs d'être toujours amis.

ERASTE.

Vous traitez vos amis un peu légérement, mon cher Versoran, j'attendrai vos succès pour rendre hommage à votre grand mérite, & jusqu'ici votre passion pour les femmes...

VERSORAN.

Ah! mon cher ami, faites-moi grace de la morale, elle ne me convient pas. Oui, Monsieur, les femmes; moi, je ne vois que cela dans le monde: elles sont l'ame de la société & le charme de la vie, j'adore tout en elles, caprice, humeur, légéreté.... constance même.

ERASTE.

Oui, vous en parlez comme un artisan parle de son métier; je vous plains cependant de borner là toutes vos occupations, toute votre ambition.

VERSORAN.

Mon cher ami, depuis quelques jours je ſuis occupé d'une jeune fille que j'ai rencontrée, *(Philippe s'eſt approché en tirant ſon chapeau comme pour demander quelque choſe, ici il eſt aſſez près pour être remarqué par Verſoran, qui dit)*: mais qu'eſt-ce que veut donc cet homme? On eſt aſſaſſiné de pauvres dans ce pays-ci.

PHILIPPE.

Monſieur, jamais vous n'aurez ſecouru de malheureux qui en ait plus beſoin, la moindre choſe...

VERSORAN.

Ces gens-là ſont perſécutans, je ne ſais comment Mad. de Verbonne ſouffre cela à ſa porte.

PHILIPPE.

Ah, Monſieur, cette Dame ſi reſpectable, ſi généreuſe, c'eſt elle qui permet...

VERSORAN *cherche dans ſa bourſe, & lui donne.*

Allons, tenez, mon ami, & laiſſez-nous.

PHILIPPE, *en s'en allant.*

Je vais porter ce ſecours à ces pauvres femmes.

SCENE IV.

VERSORAN, ERASTE.

ERASTE.

Qu'EST-CE que c'eſt donc que cette jeune perſonne dont vous parliez ?

VERSORAN.

Je vous diſois, mon cher ami, que déjà pluſieurs fois j'ai rencontré ſur mon chemin une fille charmante, à peine ſeize ans, je crois : c'eſt une fille pauvre, une ouvrière, mais attrayante par ſa propreté, par ſa beauté, par ſa fraîcheur, un air d'innocence délicieux ; c'eſt un bijou. Ah ! ſi vous la voyez : je lui ai parlé, nous avons fait un peu connoiſſance : elle eſt farouche, mais vous comprenez qu'il faut avoir ça.

ERASTE.

C'eſt quelque nouvel objet d'intrigue, vous n'épargnerez rien pour la ſéduire, ce ſera une pauvre fille malheureuſe ; j'eſpère qu'elle ſaura vous échapper.

VERSORAN.

Mais je ne vois pas ce qu'il y a là de ſi malheureux, cette fille eſt pauvre, elle a beaucoup de peine à ſubſiſter, ſans doute ſa famille eſt miſérable : eh bien ! je donnerai de l'argent, tout le monde ſera dans l'aiſance, tout le monde ſera content.

ERASTE.

J'avoue que je n'ai point votre légéreté, Monſieur ; je reſpecte l'innocence pauvre ; il eſt cruel d'employer les richeſſes pour la faire ſuccomber.

VERSORAN.

Mais prenez garde, mon cher ami, vous allez devenir pédant, je vous en avertis, ne voudriez-vous pas auſſi que j'euſſe des mœurs ! & à mon âge.

ERASTE.

Un jour, à vos dépens, vous aurez plus de raiſon, mais je ne conçois pas qu'ayant des vues ſur Mlle. de Verbonne, lui faiſant même votre cour, vous vous laiſſiez aller à une petite intrigue qui ne peut que vous nuire & auprès d'elle & dans le monde.

VERSORAN.

(*Il rit*) ah, ah, ah, dans le monde !... Mais, Monſieur, vous me ramenez toujours à votre demoiſelle de Verbonne, je vous ſoupçonne d'en être amoureux ; je ne vous en empêche pas, au moins ; je ſerai au contraire charmé d'avoir un rival comme vous ; d'ailleurs, ſe marier !... Cette jeune fille, elle eſt ſi jolie, ſi fraîche ; on doit me rendre compte aujourd'hui de certaines démarches: elle ne ſait pas encore qui je ſuis, nous nous verrons bientôt, je vous dirai ſon hiſtoire; elle ne ſera pas triſte, je vous en réponds.

ERASTE.

Je vous remercie de la confidence, mais je ne vous promets pas le ſecret, je vous en avertis, je voudrois même pouvoir traverſer vos deſſeins; je vois Mad. de Verbonne qui ſort de chez elle.

SCENE V.

Les précédens, mad. DE VERBONNE.

ERASTE.

MADAME, nous allions chez vous, Mlle de Verbonne étoit malade hier, je l'ai appris ce matin.

VERSORAN.

J'ai été au déſeſpoir de l'apprendre, madame, & j'allois m'en informer.

mad. DE VERBONNE.

Meſſieurs, je vous remercie, elle eſt mieux aujourd'hui; ce ſoir, elle ſera en état de voir du monde. (*Elle regarde autour d'elle*), mais je ne vois point Philippe.

VERSORAN.

Vous demandez quelqu'un de vos gens, madame ?

Madame DE VERBONNE.

Non, c'eſt mon pauvre que je cherche : ah ! ſi vous connoiſſiez mon pauvre ; je ſuis en peine de ne pas le voir.

VERSORAN.

Mais, madame, il y avoit là tout-à-l'heure un homme aſſez incommode.

Madame DE VERBONNE.

Quoi ! il vous auroit demandé quelque choſe ! il attend toujours la charité & ne la ſollicite jamais, lui ſeroit-il arrivé quelque malheur ? je ne l'ai point vu hier, & j'en avois beſoin.

VERSORAN.

Vous aviez beſoin d'un pauvre, madame ?

Madame DE VERBONNE.

Oui, Monſieur, d'un pauvre : celui dont je parle eſt vraiment intéreſſant, c'eſt un homme qui m'eſt utile, il a de l'intelligence, il eſt d'une fidélité rare : j'ai en lui une entière confiance. Je crois que ſi je mariois ma fille, je le conſulterois.

VERSORAN.

Voilà, madame, une confiance ſingulièrement placée, un pauvre, un mendiant ! c'eſt c'eſt sûrement quelqu'illuſtre malheureux intéreſſant par ſon hiſtoire, où les femmes ont ſans doute beaucoup de part.

Madame DE VERBONNE.

Non, c'eſt tout ſimplement un pauvre; il eſt malade & eſtropié d'une main, il eſt parfaitement honnête-homme; demandez à tout le canton, c'eſt l'ami de tout le monde, il n'y a perſonne qui ne s'intéreſſe à lui, il nous rend mille ſervices, & il eſt d'une diſcrétion rare; il ſemble toujours que l'on faſſe trop pour lui. Je n'ai pu ſavoir encore où il eſt logé: je ſuis fâchée de ne pas le voir dans ce moment.

ERASTE.

Il ne peut être éloigné, madame, il ſera bientôt ici, j'ai bien remarqué que le pauvre Philippe craignoit toujours d'être importun.

VERSORAN.

Je ne crois pas, madame, qu'il néglige la confiance qu'il a eu l'honneur de vous inſpirer; ces gens-là ne manquent guère d'abuſer des bontés que l'on a pour eux. Il ne faut pas être en peine des pauvres.

ERASTE.

S'il n'eſt pas bientôt ici, je ſaurai ce qui lui eſt arrivé.

VERSORAN.

Il lui eſt arrivé d'aller quêter ailleurs, je

ne comprends pas comment un pauvre peut être si important.

Madame DE VERBONNE.

Je veux que vous connoissiez le pauvre Philippe, Monsieur, vous ne pourriez lui refuser votre estime.

VERSORAN.

Certainement, madame, si j'ai le temps je vous demanderai la grace de me présenter à cet illustre gueux; dans ce moment, mes chevaux m'attendent, j'ai des affaires qui m'appellent, ce sera jusqu'à ce soir, que je porterai mes hommages à mademoiselle de Verbonne.

Madame DE VERBONNE.

Dans le jour, nous ferons une promenade en voiture, Monsieur, venez-nous accompagner avec votre équipage; & de plus, je vous promets le pauvre Philippe.

VERSORAN.

Il ne sera pas le seul à mendier vos bontés, madame. *(Il sort)*.

SCENE VI.

Madame DE VERBONNE, ERASTE.

ERASTE.

MADAME, le pauvre Philippe n'occupe pas seul votre esprit, & mlle. votre fille.

Madame DE VERBONNE.

Il est vrai, quand on est chargé du bonheur de ses enfans on est rarement sans inquiétude, je ne cesse de penser à ma fille; voilà le moment où il faut s'occuper de son établissement, je souhaite de la marier. Je ne veux pas gêner son choix, je voudrois seulement le diriger : autant que j'ai pu m'en appercevoir, son cœur est libre, je ne lui crois d'inclination pour personne, dites-moi ce que vous en pensez, Eraste.

ERASTE.

Mlle. de Verbonne, madame, est faite pour être adorée par tous ceux qui la connoissent : heureux le mortel qui décidera son choix, fille d'une mère aussi aimable, aussi respectable, elle en aura toutes les vertus.

Madame DE VERBONNE.

Je comprends, Eraste; vous voulez nous

flatter, & vous me confirmez dans l'idée que j'ai depuis quelque temps, que vous n'êtes pas ſans inclination pour ma fille.

ERASTE.

Moi, madame.

Madame DE VERBONNE.

Oui, vous, Monſieur, vous n'êtes point auſſi inſenſible que vous voulez le paroître : je me défie de ces philoſophes ſi attachés à leur raiſon, l'amour & l'ambition les dominent comme les autres, & ils ont leurs deſſeins.

ERASTE.

Mais, madame, quand j'y ſerois porté par mes ſentimens, ma fortune, mon âge, celui de mademoiſelle votre fille....

Madame DE VERBONNE.

Ne ſont point des obſtacles : qu'eſt-ce que c'eſt que votre âge ? ne diroit-on pas qu'à trente-ſix ans on ſoit inſenſible aux charmes d'une fille de ſeize, c'eſt préciſément alors que la tendreſſe guidée par la raiſon & guérie de la légéreté, peut faire le bonheur d'une femme, & votre fortune eſt ſuffiſante lorſqu'on ne déſire pas l'opulence. Ce n'eſt pas, Monſieur, que je vous preſſe d'épouſer ma fille, je devrois ſeulement vous faire des reproches de ce que dans les termes d'amitié où nous en ſommes, vous me faiſiez un ſecret de ce que vous penſez.

ERASTE.

Pénétré, confus, madame, je voudrois me jeter à vos pieds pour....

Madame DE VERBONNE.

Non, Eraſte, je ne mérite rien; je vous l'ai dit, je veux laiſſer à ma fille toute ſa liberté, ſon choix dépend d'elle ſeule, je vous eſtime, & s'il peut tomber ſur vous, j'en ſerai charmée; je veux même que vous ne me diſiez plus rien là-deſſus, je ſais ce que je dois attendre de votre caractère & de vos ſentimens. Je vous avertis que vous avez un rival dangereux dans Verſoran; il réunit tout ce qui peut ſéduire une jeune perſonne, je ne ſaurois condamner ma fille ſi elle lui donne la préférence: je vous avouerai même que les parens de Verſoran m'ont fait prévenir là-deſſus, & ſon ſéjour ici n'a point d'autre but: il eſt jeune, léger, il aime le plaiſir, ce ſont les défauts de ſon âge, le temps les corrigera; ſon cœur eſt bon, il a l'ame honnête, ſon caractère ne peut être mauvais. Toute mon ambition eſt de voir ma fille heureuſe, & qu'elle ſuive ſon inclination.

ÉRASTE.

Ah, madame, que vos sentimens sont respectables, & que je voudrois....

Madame DE VERBONNE.

J'arrête ce que vous pourriez me dire, Eraste, je vous ai parlé avec confiance, agissez de même; je connois votre modestie, & combien vous vous défiez de vous-même, vous cherchez peu à paroître à mes yeux, c'est un mérite que vous avez sur vos rivaux. Si ma fille pensoit comme moi, je m'en féliciterois avec elle; mais n'allez pas vous flatter, & ne croyez pas que je vous favorise. N'en parlons plus, & que je ne sache rien que par la décision de ma fille.

ÉRASTE.

Je ne sais répondre que par ma soumission, madame, jamais je ne serai assez heureux...

Madame DE VERBONNE.

Soyez toujours notre ami, Eraste, & attendons l'événement du sort qui les dirige: venez aujourd'hui vous promener avec nous; mais ma peine augmente sur le pauvre Philippe, je crains qu'il ne soit plus malade; il demeure assez loin d'ici: s'il ne revient pas bientôt, je vous prierai, Eraste, de vous en informer.

ÉRASTE.

Je vous assure, madame, que je prends à lui le plus grand intérêt; j'irai le chercher, il étoit ici il n'y a pas long-temps, votre charité le ramènera bientôt.

Madame DE VERBONNE.

Il m'eſt très-utile ce pauvre homme; il veille ſur les ouvriers, ſur ma campagne; je veux l'établir près d'ici. Il m'a parlé d'un laboureur, j'ai beſoin d'un fermier.

ERASTE.

Ce mendiant eſt un homme rare, madame, je n'ai garde cependant de penſer que par trop de charité vous ſoyez prévenue pour lui.

Madame DE VERBONNE.

Vous en jugerez mieux quand vous le connoîtrez, je vais rejoindre ma fille. Adieu, Éraſte, nous vous attendrons pour la promenade de ce ſoir.

ERASTE.

Vos bontés, madame, feront toujours un bonheur pour moi.

ACTE II.

SCENE PREMIERE.

ERASTE *seul, regardant sa montre.*

J'ARRIVE près d'une heure trop-tôt, je ne vois point de voiture, personne ne pense encore à sortir... Depuis tout ce que madame de Verbonne m'a dit je me sens un embarras, une inquiétude, dont je crains de savoir la cause, ou plutôt je ne la sais que trop... Ma passion pour mademoiselle de Verbonne... Oui, ma passion... Il faut en convenir avec soi-même... & si j'en rougis, avouons-le avec franchise, c'est la crainte d'échouer... la crainte de montrer à mon âge une sensibilité... & pourquoi ne serois-je pas sensible aux charmes de la beauté, aux agrémens de l'esprit, aux qualités du caractère & du cœur? car c'est tout ce que réunit mademoiselle de Verbonne; mais son âge? à peine seize ou dix-sept ans: eh bien, la jeunesse, l'innocence seroient-elles un défaut? mais le mien d'âge?.. ma raison?.. Eh! qu'importe les années lorsque le cœur est sensible, le mien le fût-il jamais davantage?... Je n'ose me demander si Mlle. de Verbonne s'en est apperçue, bien des choses ont dû le lui apprendre, & je n'ai pas vu l'éloignement... Bon, ne vas-tu pas te flatter! te livrer à l'espérance!... homme que je suis, sans doute qu'une jeune beauté va te donner la préférence : eh bien! je punirai mon amour propre, je m'exposerai à ses refus, je ne résisterai point aux sentimens que m'inspire mademoiselle de Verbonne; elle décidera de ma vie, j'augmenterai au moins le nombre de ses conquêtes & son choix aura plus d'objets.

SCENE II.

ERASTE & VERSORAN *habillé élégamment.*

VERSORAN.

COMMENT, déjà au rendez-vous, avec cet empressement vous me permettrez de vous croire très-dangereux.

ERASTE.

Vous mériteriez que cela fut pour vous punir d'en douter.

VERSORAN.

Il y a déjà quelque temps que je devrois être ici, mais on trouve des obstacles; j'ai eu des affaires : ma petite chienne malade m'a mis en peine, ensuite il a fallu arranger mes chevaux, mon visket; il est charmant, d'une hauteur! On voit ramper les pauvres piétons, & mes chevaux, ils sont délicieux, ce sont des cerfs, nous allons voler.

ERASTE.

Votre main est-elle assez sûre pour les conduire! en vérité, je crains pour votre tête.

VERSORAN.

Point. Je les conduis comme un ange, ils ont la bouche d'une finesse... Je veux vous mener avec moi, vous verrez, c'est un délice.

ERASTE.

Non, j'irai dans le carrosse de madame de Verbonne, vous aurez seul la gloire de votre brillant équipage.

VERSORAN.

Croyez-vous, mon cher ami, que mademoiselle de Verbonne le trouve de bon goût : oh! je crois que je puis en être sûr; il est parfaitement anglois : elle ne seroit pas fâchée, je pense, d'y paroître avec moi.... Mais, à propos, que je vous dise un mot de cette charmante fille.

ERASTE.

De qui ? De mademoiselle de Verbonne !

VERSORAN.

Non, de cette jeune personne dont je vous ai parlé ; je l'ai rencontrée encore aujourd'hui dans un chemin écarté à quelque distance d'ici, la pauvre enfant avoit l'air si affligée que je l'ai abordée, j'ai voulu la consoler, je lui ai offert tout ce qu'elle voudroit ; elle commence à m'écouter, elle a un air si doux, si tendre, je l'ai pressée de me dire ses chagrins, elle m'a répondu par des pleurs & des soupirs, sans paroître me fuir d'abord ; j'ai voulu lui parler plus vivement, alors elle s'est enfuie, & elle m'a échappé : elle est entrée dans une maison. Je m'en suis informé ; je ne sais ce qu'on m'a dit d'une mère malade, pauvre ; enfin j'en viendrai à bout, je dois la voir bientôt : elle mérite un meilleur sort, elle est d'une figure !... je veux que vous soupiez une fois avec elle ; vous en serez enchanté, & vous envierez mon adresse & mon bonheur.

ERASTE.

Je n'envierai ni l'un ni l'autre, je vous plains au contraire de vous laisser emporter à la vivacité de votre âge ; comme je ne puis approuver vos projets, je vous prie de me les cacher & de m'en épargner la confidence. Cependant, pour vous rendre celle-ci, je vous dirai que comme vous l'avez deviné, j'aime mademoiselle de Verbonne, je veux chercher à lui plaire, & tâcher d'obtenir son cœur & sa main; je n'ai aucune espérance, il est vrai, & un rival aussi dangereux que vous ne doit m'en laisser aucune, mon courage en sera plus intéressant & votre triomphe plus complet.

VERSORAN.

Ma foi, mon cher ami, réussissez si vous pouvez; je vous rends justice, vous êtes assez de la pâte dont on fait les bons maris, vous avez tant de raison! Il est possible que Mlle. de Verbonne ne mette aucun prix à certaines choses; l'esprit, l'âge, le ton de la cour, un peu de goût dans les ajustemens, dans les équipages, peuvent très-bien n'avoir aucun mérite pour elle, elle n'est point formée encore, cependant à son âge seroient-ce la triste raison, la gravité qui la séduiroient, je ne m'en suis pas encore apperçu: au reste, je me trompe peut-être, les femmes sont si coquettes. Mais, oui, c'est vous peut-être qu'elle aime.

ERASTE.

Vous vous faites un jeu de tout, mon cher Verſoran, il n'y a rien d'eſſentiel pour vous que le plaiſir, & vous aſſociez des objets qui devroient être bien éloignés.

VERSORAN.

C'eſt au contraire par leur rapport qu'ils m'attachent, j'aime la beauté partout où elle ſe trouve, je lui rends mes hommages, & je ne fais pas calculer reſamment les convenances. Cette pauvre petite fille, par exemple, je la rencontre, elle me plaît, elle me frappe; je m'intéreſſe vivement à elle; je ſuis prêt à lui tout ſacrifier; je ne la quitte pas qu'elle n'ait joui de l'empire qu'elle a ſur moi; je n'épargne rien pour la flatter, pour la faire jouir des douceurs de la vie, vous avouerez que ſi j'ai quelques ſuccès, je les mérite.

SCENE III.

ERASTE, VERSORAN, PHILIPPE.
(*Il a paru au fond du théâtre, il s'approche doucement de Versoran*).

VERSORAN.

ENCORE cet homme.... Sans doute c'est celui de madame de Verbonne.

ERASTE.

Ah! mon ami, il y a long-temps que l'on vous cherche, j'ai été vous demander partout, madame de Verbonne est en peine de vous, elle souhaite de vous voir.

PHILIPPE (*à Versoran*).

Permettez, Monsieur, que je remette en vos mains....

VERSORAN.

Qu'est-ce que c'est, mon ami?

PHILIPPE.

Votre bourse, Monsieur, que ce matin vous avez laissé tomber en montant à cheval, j'étois seul, je ne pouvois vous suivre, & je n'ai pu plutôt....

VERSORAN.

Oui, c'est ma bourse....

PHILIPPE.

Elle n'a pas été ouverte.

VERSORAN (*cherche dans sa bourse*).

Tu ès un honnête homme, mon ami, il faut que je récompense ta fidélité.

PHILIPPE.

Monsieur, permettez que je n'accepte rien, j'ai suivi mon sentiment en rendant ce qui n'étoit pas à moi, & s'il me revenoit quelque chose pour avoir fait mon devoir, la récompense m'en ôteroit le plaisir.

ERASTE.

Mon ami, j'admire votre vertu !

VERSORAN.

Du désintéressement chez un pauvre ! de la délicatesse chez un mendiant ! c'est bêtise. Eh bien, bon homme, je te récompenserai une autre fois, je te ferai donner quelque chose, & je te recommanderai à madame de Verbonne, peut-être que bientôt j'aurai ici quelqu'influence.

PHILIPPE.

Ah ! Monsieur, si vous parlez de moi à cette Dame si généreuse, si bienfaisante, que ce soit pour lui dire ma reconnoissance, si j'existe ce n'est que par ses secours charitables, je voudrois le reste de mes jours....

ERASTE.

Vous méritez tout le bien qu'elle vous

fait, mon ami, comptez ſur celui que nous pourrons vous faire; mais, madame de Verbonne vous demandoit, je ne ſais pour quel ſervice, je vais l'avertir de votre retour, c'eſt auſſi l'heure où nous devons nous rendre chez elle, votre équipage eſt-il ici.

VERSORAN.

Mon visket! il ne me fera pas attendre, j'eſpère, je me réjouis de vous en faire remarquer la peinture, elle eſt délicieuſe; j'ai inventé le ſommeil de Clariſſe pour le grand panneau, ſur les côtés ce ſont les attributs de l'amour; il eſt vraiment d'un goût exquis, mon visket; j'aurai un vrai plaiſir de le conduire devant ces Dames. Allons, mon cher ami.

SCENE IV.

PHILIPPE *ſeul.*

QUE je ſuis ſoulagé d'avoir rendu cette bourſe; elle me peſoit, je languiſſois de la remettre à celui à qui elle appartient; elle eſt cauſe que je ne ſuis pas retourné auprès de ma pauvre belle-ſœur. Je ne voulois pas porter cet argent chez moi... Preſſé par le beſoin, voir ſouffrir... j'aurois peut-être

été

été tenté... La nécessité est si pressante & le secours eût été trop près; j'aurois su résister mais je n'ai pas voulu y être exposé : enfin, la voilà rendue... n'y pensons plus... Cette pauvre femme que fait-elle dans ce moment!... elle est peut-être expirée; sa malheureuse fille... dans quel état elle doit être! Je souffre de n'être pas auprès d'elle, nous pleurerions ensemble, je vais... cependant, madame de Verbonne m'a demandé, elle avoit besoin de moi pour quelque service, je ne peux plus m'éloigner; hier je n'ai pu venir ici, je ne veux pas être plus long-temps sans....

SCENE V.

PHILIPPE & MARIE.

MARIE.

AH! mon oncle, que je suis malheureuse! quel désespoir! ma mère, ma pauvre mère, dans quel état elle a été, un redoublement affreux! j'ai cru que le dernier moment.... Ah! mon oncle, que nous avons souffert.

PHILIPPE.

Hélas! mon enfant, ta mère souffre beaucoup, mais elle jouit de ta tendresse, c'eſt dans tes bras qu'elle trouve des conſolations, & les ſecours que tu lui donnes adouciſſent ſes ſouffrances : rappelles-toi toujours ce qu'elle te recommande ſouvent, courage & travail. Mais pourquoi es-tu ici, comment as-tu la force de la quitter, & de venir ſi loin ?

MARIE.

Oui, j'ai la force de ſupporter tous les maux... lorſque ma mère a été mieux, & que je commençois à reſpirer, les maîtres de la maiſon que nous habitons ſont venus demander de l'argent, ils veulent être payés d'avance, & ils murmurent contre ma mère qui eſt malade & qui mourra peut-être chez eux à ce qu'ils diſent, ils ſont ſi durs ! ils voudroient que nous allaſſions ailleurs, & dans l'état où eſt ma mère... Je n'ai pu ſoutenir cette cruauté, je ſuis venue auprès de vous pour y chercher des ſecours & des conſolations. Que faut-il faire ! ſans vous, mon oncle, que deviendrions-nous !

PHILIPPE.

C'eſt toi qui conſoleras ma vieilleſſe, & toujours j'aurai beſoin de ma nièce ; en partageant tout avec toi, avec ta mère, ma vie ne ſera pas ſans douceur, & je doublerai la jouiſſance des ſecours que je reçois, & du bien que l'on me fait.

MARIE.

J'espère que mon travail pourra aider un peu.... Mais que puis-je? c'est vous qui nous soutenez; ce sont vos conseils, c'est votre amitié qui nous donnent du courage; tous les jours, tous les momens j'ai plus besoin de votre appui. Ce matin encore.... Ah! mon oncle, ne m'abandonnez pas, jamais je n'eus plus besoin de vous!

PHILIPPE.

Tu parois agitée de quelque nouveau chagrin, ne me caches aucune de tes peines, verse-les toujours dans mon sein. Eh bien! ce matin te seroit-il arrivé quelque chose?

MARIE. *à part.*

Je ne sais si je pourrai... si j'oserai!

PHILIPPE.

Ah! Marie, tu manques de confiance pour ton oncle!

MARIE.

Oh non, mon oncle... non, mon cher oncle, je vais vous dire... Ce matin, comme je retournois auprès de ma mère, lorsque j'ai été dans ce chemin étroit & couvert qui conduit à notre maison, j'ai rencontré un homme, un Monsieur; il m'a abordée, déjà quelquefois il m'a suivie, il m'a parlé, mais toujours d'un air si doux, d'un ton si gracieux:

ce matin il m'a dit des choſes polies, honnêtes ; il a vu que j'avois du chagrin, il a dit qu'il vouloit me conſoler ; il m'a offert des ſecours, il vouloit m'accompagner, mais j'ai fui en courant.

PHILIPPE.

Et cet homme, ce Monſieur, tu ne le connois pas ! tu ne ſais pas qui il eſt ?

MARIE.

Oh ! c'eſt quelqu'un qui nous connoît, car il m'a dit qu'il m'aimoit, & c'eſt ſûrement un honnête homme ; il m'a aſſurée qu'il vouloit nous faire beaucoup de bien, & j'ai remarqué qu'il vouloit faire connoiſſance avec nous, je crois cependant qu'il eſt fort riche, il eſt ſi bien mis, ſi bien fait, grand, jeune.

PHILIPPE.

Quoi ? ſeroit-ce quelqu'homme qui voulût te ſéduire ?

MARIE.

Oh non, mon oncle, il m'a dit qu'il vouloit me rendre bien heureuſe.

PHILIPPE.

Que tu ſeras à plaindre, mon enfant, ſi tu deviens l'objet des pourſuites de quelque riche ſéducteur, on les anime par la réſiſtance, on n'attire que leurs mépris en les écoutant; ces jeunes gens riches, de quoi ne ſont-ils pas capables? Tu dis qu'il eſt jeune, ſon habit?

MARIE.

Un habit brun, de beaux boutons, de l'or ſur ſa veſte, des bottes, un fouet, il eſt charmant.

PHILIPPE.

Ciel! ſeroit-ce M. Verſoran! ce matin il venoit de monter à cheval; & dis-moi, Marie, n'as-tu point vu Antoine?

MARIE.

Toujours Antoine, mon oncle!

PHILIPPE.

Oui, Antoine, il t'aime celui-là, il penſe à toi ſérieuſement, c'eſt un honnête laboureur qui pourroit rendre ton ſort heureux.

MARIE.

Il m'aime, Antoine? je vous dirai, mon oncle, que ce Monſieur a déjà cherché pluſieurs fois à me parler fort ſérieuſement, & il parle ſi bien, il a la voix ſi douce, on voit qu'il penſe ce qu'il dit; il a cherché à venir dans la maiſon où je travaille, aujourd'hui il m'a dit poſitivement... Mais, mon oncle, eſt-ce que cet homme qui a l'air ſi généreux, ſi honnête, pourroit faire du mal?

PHILIPPE, *réfléchissant.*

Seroit-il possible que M. Versoran qui doit, à ce que l'on dit, épouser mademoiselle de Verbonne, fût un séducteur, un scélérat avec les femmes, je ne puis le croire. Tiens, mon enfant, prends cet argent *(à part)* que je tiens de lui — portes-le aux gens durs qui ont si peu d'égard pour notre triste situation, bientôt je vous rejoindrai, je leur parlerai. Va, & si tu rencontres Antoine, parles-lui, dis-lui....

MARIE.

Je ne rencontrerai pas Antoine, mon oncle, mais c'est vous qui êtes mon soutien, & toujours je suivrai ce que votre cœur, votre tendresse pour moi vous dicteront; c'est avec peine que je vous quitte; adieu, mon oncle, mon père.

SCENE VI.

PHILIPPE *seul.*

QUOI! M. Versoran, vous si généreux, si honnête, vous pourriez vous plaire à séduire une fille pauvre, malheureuse! Mais il est jeune & riche, qu'est-ce que les pauvres sont pour lui... Ce matin il me semble qu'il parloit d'une jeune perſonne. Hélas ! ma nièce ſera ſa victime, que pourrai-je faire pour la ſauver ? Où pourrai-je fuir avec elle ? Antoine l'aime ; & je le vois, il ne lui plaît pas, & M. de Verſoran, elle croît..... Irai-je tout confier à madame de Verbonne ? ce ſeroit l'affliger, & cette confiance pourroit la jeter dans des embarras : peut-être mes conjectures ſont-elles fauſſes ; je la vois qui ſort de chez elle.

SCENE VII.

Madame DE VERBONNE, PHILIPPE.

Madame DE VERBONNE.

ENFIN vous voilà, Philippe ; je vous ai fait chercher, & on vient de me dire que vous étiez ici, j'étois en peine de vous, où avez-vous donc été ? j'avois à vous employer.

PHILIPPE.

Votre charité, Madame, ſoulage ſi ſouvent ma misère, que je dois craindre....

Madame DE VERBONNE.

Non, Philippe, vous ne devez rien craindre, vous m'êtes ſouvent très-utile, & je ne vous fais point tout le bien que je ſouhaiterois & que vous méritez, je voudrois vous établir près de ma campagne, j'ai besoin de votre intelligence, & je vous confierois le gouvernement de certaines choses, je suis sûre que vous veillerez à mes intérêts.

PHILIPPE.

Hélas! madame, dans l'état où je suis, de quoi puis-je être capable, je voudrois vous consacrer ma vie & le peu de force qu'il me reste.

Madame DE VERBONNE.

Ecoutez-moi, je crois que bientôt je marierai ma fille, je veux qu'à cette occasion votre sort devienne plus heureux, j'ai de quoi vous occuper, & je veux employer votre habileté & votre expérience; j'ai un projet, je vous en parlerai; dans ce moment je sors, & l'on m'attend; revenez ce soir, si vous avez besoin de quelque secours demandez chez moi, vous savez que tout le monde vous aime, je vais ordonner que l'on ait soin de vous. Adieu Philippe.

PHILIPPE.

Votre charité ne se lasse jamais, madame.

SCENE VIII.

PHILIPPE *seul.*

AH! M. Verſoran, pourriez-vous être le gendre de cette femme reſpectable, & n'être pas vertueux? Laiſſerai-je ignorer?... je ſuis peut-être dans l'erreur... il en coûteroit auſſi trop à mon cœur... Enfin je puis aller joindre ma belle-ſœur & ma nièce, tâchons de prévenir des malheurs.

ACTE III.

SCENE PREMIERE.

VERSORAN *ſans chapeau, ſon habit déchiré & plein de boue, il ſe regarde & ſe ſecoue.*

HEUREUSEMENT j'en ſuis quitte pour être un peu crotté & pour un habit déchiré; je ne ſais ce que mes chevaux ont eu, ils ſe ſont épouvantés, une borne s'eſt trouvée là... je crois que j'aurois été écraſé ſans cet homme qui eſt toujours ſur le chemin, il s'eſt précipité au-devant des chevaux, &

il a ſu les arrêter ; il faut qu'il ait du courage, cet homme, car ma foi ils alloient bon train : ſans lui, le visket étoit à tous les diables.

SCENE II.

VERSORAN, ERASTE.

ERASTE.

MON Dieu, mon ami, dans quel effroi vous nous avez jeté, n'avez-vous pas les bras & les jambes caſſés, la chûte a été terrible.

VERSORAN.

Non, mon ami, il n'y a point de mal, je me ſuis relevé à quatre pas d'ici, mes chevaux ſont un peu vifs, une pierre, je ne ſais quoi, s'eſt trouvé ſur le chemin, ce n'eſt rien : je crains ſeulement d'avoir effrayé ces Dames, j'allois les rejoindre.

ERASTE.

Elles ont été très-émues, & mademoiſelle de Verbonne revenue de ſon évanouiſſement m'envoie ſavoir....

VERSORAN.

Evanouïe ! comment ? mais c'eſt beaucoup.

ERASTE.

Il eſt vrai que mademoiſelle de Verbonne a témoigné ſur cet accident une ſenſibilité qui vous rendroit trop heureux ſi vous ſaviez en connoître le prix : au reſte, elle eſt encore foible & malade, & réellement cette chûte étoit très-effrayante, votre visket briſé, vos chevaux emportés, vous peut-être écraſé ſi on ne les eût arrêtés.

VERSORAN.

Il eſt vrai que j'aurois pu l'être ſans cet homme, ce pauvre dont nous parle madame de Verbonne, il s'eſt jeté au-devant des chevaux, il a eu la force de les retenir; il faut que je le faſſe récompenſer.

ERASTE.

Quoi! c'eſt le pauvre Philippe qui a eu ce courage! vous ne ſauriez aſſez récompenſer cette belle action. Occupés de l'état de mademoiſelle de Verbonne, nous n'avons pas trop vu ce qui ſe paſſoit, & ces Dames attendent mon retour pour être raſſurées ſur vous, je vais les rejoindre & leur apprendre que vous n'avez aucun mal.

VERSORAN.

Oui, mon cher ami, aucun mal, vous pouvez les tranquilliſer, j'ai renvoyé mes chevaux; je ne puis pas trop me préſenter devant ces Dames dans cet équipage, je vais retourner chez moi : je prendrai cette occaſion pour m'informer de cette jeune perſonne dont nous avons parlé, j'en ſuis fou, c'eſt la plus ſéduiſante petite créature, je l'aime paſſionément ; on m'apprendra quelque choſe, on doit avoir parlé, & arrangé une entrevue, elle travaille dans une maiſon; la maîtreſſe doit être une de mes amies ; je ſuis d'une impatience : dites, je vous prie, à ces Dames que je ſuis au déſeſpoir.

ERASTE.

Comment eſt-il poſſible, mon cher Verſoran, qu'à peine échappé à un danger.... que témoin de la ſenſibilité d'une perſonne qui mérite tous vos ſentimens, vous ne penſiez qu'à ſuivre un projet auſſi peu raiſonnable, auſſi peu honnête, comment accordez-vous la générοſité & la ſéduction? votre cœur ſeroit-il corrompu à ce point? ne craignez-vous rien? un pauvre vient de vous ſauver la vie, & vous penſez à ſéduire une fille qui n'a contr'elle que ſa pauvreté. Ah! Verſoran, quel chagrin pour moi qui ſuis votre ami.

VERSORAN.

Mais qu'eſt-ce qu'il y a donc de ſi fâcheux? voudriez-vous qu'à mon âge je fuſſe inſenſible à la beauté, à la fraîcheur, à l'innocence. Soyez tranquille, je vous en conjure, mon cher ami, d'abord je vous réponds de la récompenſe du pauvre, dès ce moment je lui aſſure cinquante louis; & pour la jeune fille, quoiqu'il arrive, ſoyez sûr de ma diſcrétion....

ERASTE.

En vérité, Monſieur, je ne puis vous écouter de ſang-froid, je renoncerai à votre amitié & à nos relations, ſi vous ne renoncez à vos deſſeins cruels; je ſuis déjà votre rival déclaré auprès de mademoiſelle de Verbonne, & dès ce moment je ne me crois plus obligé à aucun ménagement : je ne promets pas d'avoir aſſez de délicateſſe pour ne pas employer les avantages que vous me donnez.

VERSORAN.

Mon Dieu profitez-en, faites vos efforts pour réuſſir; entre amis, tout eſt permis avec les femmes; eſt heureux qui peut, c'eſt ma morale. Vous, ſoyez un amoureux tendre & tranſi; moi je ſerai ce que je pourrai. Mademoiſelle de Verbonne choiſira, & quoiqu'il arrive, nous ſerons toujours intimes : malgré vos ſermons, j'ai toujours une ſincère amitié pour vous.

ERASTE.

Je ne puis en avoir avec la légéreté de votre caractère, & je vous conjure....

VERSORAN.

J'oublie que je n'ai point de temps à perdre, il faut mettre cet accident à profit; c'est à-peu-près l'heure où elle doit être... Dites, je vous en prie, à mademoiselle de Verbonne que je suis infiniment sensible à l'intérêt qu'elle a pris, incessamment j'irai lui porter mes remercímens. (*Il chante :* Ah que l'amour est chose jolie....

SCENE III.

ERASTE *seul.*

Que tu es peu digne des avantages dont tu jouis, & c'est cette légéreté qui plaît, qui séduit? que les femmes quelquefois méritent bien d'être trompées! mais on ne voit point les hommes comme ils sont, à l'objet qui plaît on suppose toujours les qualités que l'on desire.... Mademoiselle de Verbonne sera-t-elle la victime de ce clinquant qui éblouit? je voudrois l'éclairer, j'en suis bien éloigné. Ah! Versoran, tu es sûr de ton secret, tu me l'as confié; mais je dirai à mademoiselle de Verbonne ma passion pour elle, elle ne l'ignorera pas, & mon cœur saura être malheureux s'il n'obtient que de l'indifférence. Que veut cette jeune personne qui paroît chercher quelque chose ?

SCENE IV.

MARIE, ERASTE *un peu dans le fond du théâtre.*

MARIE *tient un mouchoir à la main, elle paroît agitée.*

Que je suis malheureuse !... l'inquiétude, le chagrin ne me laissent pas un instant, j'ai cru pouvoir quitter ma mère pour retourner à mon travail ; j'attendois mon oncle, il n'est point venu ; j'ai rencontré Antoine ; M. Verforan me poursuit, il m'a fait dire des choses... Je devrois aimer Antoine ; M. Verforan devroit ne point m'aimer du tout, & mon oncle, je crois, devroit m'aimer davantage ; je tremble d'être seule ; je crains de rencontrer quelqu'un ; mais où est-il, mon oncle ? je le cherche, je ne le trouve point, il faut que je lui dise....

ERASTE *s'est approché.*

Mademoiselle, vous paroissez avoir quelque peine, vous cherchez quelqu'un, ſi je pouvois....

MARIE.

Mon Dieu, encore un homme qui m'aborde, dois-je auſſi craindre celui-là ?

ERASTE.

Ne craignez rien, ma belle enfant, ſi je vous ſuis incommode, je prendrai un autre chemin; cependant je vous offre tous les ſecours qui peuvent dépendre de moi.

MARIE.

Je ne ſais que faire, je voudrois parler à tout le monde, & je n'oſe dire une parole à perſonne, je m'effraïe de tout, cependant ce Monſieur a l'air ſi bon, mais il vaut mieux fuir d'ici.

ERASTE, *à part.*

Seroit-ce cette jeune perſonne dont Verſoran m'a parlé, tâchons de le ſavoir. Eh quoi ! vous me fuyez, Mademoiſelle, je vois avec peine votre embarras, je mérite peut-être un peu de confiance; regardez-moi, je dois vous en inſpirer, & je ne dois pas vous effrayer, vous m'intéreſſez, mademoiſelle, & tout ce qui dépendra de moi...

MARIE.

Oh non, Monſieur, je n'ai beſoin de perſonne, au contraire....

ERASTE

ERASTE.

Comment? auriez-vous à vous plaindre de quelqu'un ! de quelqu'homme peut-être ? dites-le moi, je puis vous défendre, cependant votre air honnête & modeste doit vous faire respecter de tous ceux qui vous rencontrent.

MARIE.

Vous me rendez un peu d'assurance, Monsieur ; vous n'abuserez pas de la situation malheureuse d'une fille pauvre ; je l'avoue, je me sens disposée à avoir de la confiance en vous, vous êtes peut-être un des amis de cette Dame qui demeure dans ce château, & alors je suis tranquille, je ne crains ni piége ni persécution.

ERASTE.

Votre âge, votre beauté peuvent vous en attirer, oui, je connois madame de Verbonne ; ici, vous pouvez être entièrement rassurée ; achevez de me dire ce qui cause vos chagrins, seroit-ce quelqu'homme ? jeune sans doute ?...

MARIE.

Oh oui, Monsieur, jeune, plus jeune que vous... l'air si aimable, si doux, plus doux encore que le vôtre... il est si bien mis, si bien habillé, encore mieux que vous. Oh ! s'il vouloit m'inspirer autant de confiance !

ERASTE.

Je comprends, mademoiselle, il vous a donné de l'émotion, & moi je vous rassure, mais c'est tout ce que je veux. Eh bien! cet homme, ce Monsieur, je le connois peut-être ?

MARIE.

C'est peut-être Antoine que vous connoissez, Monsieur ?

ERASTE.

Non, je ne connois pas Antoine; il y a ici un vieillard, pauvre, respectable que j'aime beaucoup, il s'appelle Philippe.

MARIE.

Ah! Monsieur, c'est mon oncle, mon cher oncle, je venois le chercher, j'y étois forcée, & c'est malgré moi que je suis venue, j'espérois de n'y trouver que lui; ne lui dites pas que vous m'avez vue, il en seroit affligé. Que je suis malheureuse!

ERASTE.

Ne craignez rien, je vous réponds du secret; madame de Verbonne a employé votre oncle quelque part, il ne viendra pas encore; mais cet homme dont vous parliez, pourquoi vous en plaignez-vous? dites-le moi, je pourrai vous aider, je ferai mon possible.

MARIE.

Monſieur, depuis quelque temps il ne ceſſe d'être ſur mes pas, & de me faire parler par tous ceux qui m'entourent; je crois qu'il les intéreſſe pour lui, & qu'ils ſont tous contre moi; hier, aujourd'hui encore, il m'a rencontrée, il m'a parlé, il eſt généreux, il veut tout me donner; je ſuis pauvre, mais il m'offenſe, je ne veux rien, hélas! j'aimerois mieux ſa compaſſion que tout ſon or, que tout ce qu'il m'offre. Pourquoi veut-il tenter ma pauvreté, c'eſt mon cœur qu'il devroit chercher? oui, Monſieur, ma pauvreté, tel eſt mon ſort. Sans ce parent, ſans cet oncle reſpectable, je ſerois dans la miſère la plus affreuſe; une mère malade, infirme, ſeroit encore plus malheureuſe que moi. Peut-être, Monſieur, connoiſſez-vous celui que je crains, un billet qu'il a ſu me faire parvenir étoit ſigné Verſoran. S'il étoit de vos amis, dites-lui, je vous en conjure, qu'il renonce à ſes projets, à ſes offres, quand je ſerai plus malheureuſe quel ſera ſon bonheur? Je ne cherche que l'obſcurité, & ſi mes ſentimens étoient au-deſſus de mon état, s'il étoit quelque fierté dans mon ame, je chercherois à la réprimer... Vous m'avez inſpiré de la confiance, Monſieur, vous m'avez fait dire une partie de mes peines, je ne ſais à qui je les confie; vous m'avez parlé de madame de Verbonne; vous avez nommé mon oncle, & j'ai été ſans crainte. Vous me protégerez, Monſieur, & au moins vous n'abuſerez pas du ſecret que vous avez arraché à mon innocence.

ERASTE.

Soyez tranquille, Mademoiſelle, vous vous êtes adreſſée mieux que vous ne penſez, dès ce moment je m'intéreſſe ſincèrement à vous, je promets de vous ſervir, & madame de Verbonne ne refuſera pas....

MARIE.

Ah! Monſieur, ne lui parlez pas de moi, je vous en ſupplie, elle ne me connoît point, & je dois lui être inconnue, mon oncle l'exige abſolument. Mais je reſte trop ici, mon oncle me cherche peut-être, il ſera en peine, Monſieur, je vous quitte, que votre humanité ne ſe démente jamais pour moi. *(Elle fuit).*

ERASTE *la ſuivant*

Mais dites-moi votre nom, votre demeure... Elle fuit, elle eſt déjà bien loin... Quel dommage ſi cet enfant alloit ſuccomber ſous les piéges qu'on lui tend, je ferai mes efforts pour l'empêcher.

SCENE V.

Madame DE VERBONNE, ERASTE.

Mad. DE VERBONNE *vient du côté opposé à celui par où Marie s'en est allée.*

EH bien, Eraſte, voilà not repromenade tout-à-fait dérangée, & vous nous laiſſez trop long-temps ſans nous apprendre les ſuites de cette chûte qui nous a ſi fort effrayées, eſt-il sûr que M. Verſoran n'ait aucun mal?

ERASTE.

Jamais accident ne fut plus heureux, Verſoran n'a point ſouffert, il en eſt quitte pour un visket briſé & un habit déchiré, & ce bonheur il le doit au pauvre Philippe... mais le voilà, qu'il vous diſe lui-même comment cela s'eſt paſſé.

SCENE VI.

Madame DE VERBONNE, ERASTE, PHILIPPE.

Madame DE VERBONNE.

AH! Philippe, vous êtes toujours là pour rendre quelque ſervice, dans l'état où vous êtes, comment avez-vous pu arrêter deux chevaux emportés ? vous nous avez fait frémir, n'êtes-vous point bleſſé ?

PHILIPPE.

Quelquefois les pauvres ont du bonheur, & l'envie de prévenir un malheur donne toujours des forces, il ne m'eſt rien arrivé, mais ce Monſieur !

ERASTE.

Il vous doit la vie, mon ami, & il a déjà dit que cinquante louis....

PHILIPPE.

Ah ! Monſieur, qu'il m'accorde une autre récompenſe, ce que je lui demande ne lui coûtera pas autant.

Madame DE VERBONNE.

Que peut-il donc pour vous? vous connoît-il ? Certainement il ne peut rien vous refuſer, il vous doit la vie, il le reconnoîtra généreuſement.

PHILIPPE.

Je ne lui demande que de ne pas troubler la vie d'une perſonne dont le ſort n'eſt pas plus heureux que le mien; mais je ne ſais ſi je dois m'expliquer ici, M. de Verſoran eſt ſi généreux; devant ſes amis, je ne dois parler que de ma reconnoiſſance.

Madame DE VERBONNE.

C'eſt lui qui vous en doit beaucoup, vous ne devez rien craindre, on vous aidera, nous ſaurons obtenir ce que vous avez à demander; mais, mon pauvre Philippe, il y a quelque choſe d'extraordinaire dans votre hiſtoire, il y a long-temps que je le préſume, j'ai cherché inutilement à être inſtruite de ce qui vous regarde, vous vous êtes toujours caché, à peine ſais-je le nom de votre famille, & j'ignore votre demeure.

PHILIPPE.

Vous n'avez pas attendu de me connoître, madame, pour exercer votre généroſité envers moi.

Madame DE VERBONNE.

Je veux ſavoir l'hiſtoire de votre vie, vos malheurs; vous n'êtes point né pour l'état où vous êtes.

PHILIPPE.

C'eſt encore votre charité qui le ſuppoſe, madame, je n'ai jamais été que pauvre, & & la pauvreté n'a point d'hiſtoire.

ERASTE.

On n'agit point, on ne penſe point comme vous, quand on n'a connu que l'état où vous êtes, & sûrement votre naiſſance...

PHILIPPE.

N'a rien que de commun. Il eſt vrai que mon père, après avoir ſervi très-long-temps comme ſoldat, mérita par ſes actions d'être fait officier ; il eut deux fils d'un mariage sans fortune qu'il fit dans une garnison. Je servois comme cadet auprès de lui lorsqu'il mourut ; & de cadet, la pauvreté me fit bientôt devenir simple soldat. Après plusieurs années de service, les fatigues extrêmes d'une campagne me donnèrent les maux qui m'affligent aujourd'hui ; & dans un combat, avec un de mes camarades, qui m'avoit insulté, je fus estropié de cette main. Hors d'état de servir, & sans aucune ressource, j'ai traîné long-temps ma vie misérable, je cherchai enfin à joindre mon frère qui étoit établi dans une ville d'Alsace, où il étoit retiré ; il venoit de mourir lorsque j'y arrivai, je ne trouvai que sa femme & une fille dans la plus grande misère.

Un laquais vient parler à l'oreille de Mad. de Verbonne.

Madame DE VERBONNE.

Je vais. (*A Philippe*) Mon ami, je veux savoir tout cela beaucoup plus en détail, je veux l'entendre à mon aise, & voir ce qu'il y a à faire pour vous. Dans ce moment, je dois retourner auprès de ma fille ; entrez chez moi, vous devez avoir besoin de vous reposer, bientôt je vous rappellerai.

PHILIPPE

Votre charité ſeule, madame, peut s'occuper autant de moi, & toujours votre préſence eſt marquée par quelque bienfait. *(Il entre chez Mad. de Verbonne.*

SCENE VII.

ERASTE, Madame DE VERBONNE.

ERASTE.

CET homme eſt vraiment intéreſſant, il mérite toute votre protection, madame; je voudrois pouvoir lui rendre ſervice.

Madame DE VERBONNE.

Nous verrons ce qu'on peut faire pour lui, M. Verſoran lui doit beaucoup. J'ai été très-en peine de l'état de ma fille, elle étoit remiſe, mais ſon émotion...

ERASTE.

Ah! madame, comme elle a été vivement émue de l'accident de Verſoran, il eſt aiſé de voir qu'il ne lui eſt pas indifférent, ſentira-t-il tout ſon bonheur?

Madame DE VERBONNE.

Il eſt vrai que dans tout ce qui s'eſt paſſé j'ai cru appercevoir quelqu'inclination de la part de ma fille, je chercherai encore à démêler la vérité ; je ne vous dirai pas quel eſt mon ſentiment là-deſſus, votre cœur, ou votre philoſophie ne vous laiſſeront pas ſans reſſource.

ERASTE, *à part.*

Ah ! Verſoran, tu es heureux que je ſois ton ami & ton rival, cependant ne pas éclairer mademoiſelle de Verbonne, laiſſer ſon bonheur au haſard, ſavoir qu'elle eſt trompée... mais non, j'ai ton ſecret, ce n'eſt pas moi qui le trahirai, avec elle pourrois-tu être perfide ?

Madame DE VERBONNE.

Allons, Eraſte, point de rêveries romaneſques, & que ce ſoit toujours la raiſon qui vous guide, ſi l'amour vous maltraite, que l'amitié vous conſole, venez.

ERASTE.

Ah ! madame, dans ce moment je ne ſais voir que mon malheur.

ACTE IV.

SCENE PREMIERE.

MARIE, ANTOINE, *mis en gros payſan.*

ANTOINE.

COMME vous courrais, ma chère Marie, j'ons une peine à vous ſuivre que j'en ſuis tout eſſouflai, quand nous ſerons mari & femme, vous n'irai pas plus vîte que moi, n'eſt-ce pas, petite?

MARIE.

Mon oncle nous a dit de nous rendre ici, je crois qu'il veut nous faire connoître à madame de Verbonne, afin qu'elle nous protège.

ANTOINE.

Parguenne, c'eſt bien fait, cette Dame eſt tant généreuſe, alle fera peut-être quelque choſe pour notre mariage, vous m'aimerai peut-être encore davantage quand le ménage ſera meilleur.

MARIE.

Mais, Antoine, notre ménage n'eſt pas encore fait, dans l'état où eſt ma mère, je ne veux pas la quitter, & puis je ne veux pas me marier, je crois.

ANTOINE.

Oh! je ſais bien, vous targiverſai toujours, on dit que les jeunes filles feſont quelquefois comme ça, mais l'oncle Philippe il n'eſt pas ainſi, ly, & puis, chère Marie, je vous aimons tant, oh! mais tant.

SCENE II.

ANTOINE, MARIE, VERSORAN.

VERSORAN.

Enfin, je vous retrouve, mademoiſelle, pourquoi avez-vous quitté cette maiſon lorſque j'allois y entrer, j'avois à vous dire les choſes les plus importantes.... Mais qui eſt cet homme?

ANTOINE *ſe met entre Marie & Verſoran.*

Oh ce n'eſt rien, Monſieur, je m'appelons Antoine, & voilà Marie qui eſt une fille que je voulons épouſer, bientôt je ſerons accordés, j'attendons l'oncle.

VERSORAN.

Comment, épouſer! vous!

ANTOINE.

Oui, nous ſommes venus ici, parce qu'on

veut nous montrer à cette Dame qui demeure là, & pis le mariage sera fait, c'est l'oncle qui l'a dit.

VERSORAN.

A madame de Verbonne ? seroit-il possible ! comment ?.. ne m'avez-vous pas dit ?

ANTOINE.

Oh ça, voyez-vous, j'ons mes bœufs, j'ons ma charrue, je ne pouvons laisser tout ça pour jaser ici : si vous connoissai cette Dame, vous ferez peut-être quelque chose pour notre mariage, je vous le recommande, vous êtes un Monsieur, vous serez brave & généreux. Je mettons cette chère fille sous votre protection, alle est si charmante : adieu, petite, ce soir nous serons ensemble, vous direz à l'oncle que je l'ons attendu.

SCENE III.

VERSORAN, MARIE.

VERSORAN.

JE ne puis croire ce que je viens d'entendre, vous ne me connoissez donc pas, vous ne savez pas comme je vous aime, & tout ce que je puis faire pour vous : écoutez-moi, ma belle enfant.

MARIE.

Non, Monſieur, que puis-je entendre ? Que pouvez-vous dire à une pauvre fille malheureuſe qui doit vous être inconnue, qui auroit dû échapper à votre attention ; je ne puis croire rien de ce que vous me dites ; & quel peut être l'effet de votre perſévérance, de vos pourſuites ? en vérité, Monſieur, vous ne pouvez me faire que du mal.

VERSORAN.

Votre vivacité me charme : moi ! vous faire du mal ? je veux au contraire que vous ſoyez heureuſe, vous diſpoſerez de tout ce que j'ai, vous ferez du bien à tous vos parens, il n'eſt rien que je ne faſſe pour vous ; plus je vous connois, plus je vous trouve adorable, vous avez une manière de vous exprimer qui m'enchante, qui me feroit croire.... Vous vous appelez Julie, j'en ſuis sûr.

MARIE.

Non, Monſieur, je n'ai rien que de très-commun, rien qui puiſſe vous flatter, vous intéreſſer ; l'obſcurité, la pauvreté, le malheur, voilà mes titres ; & le ſentiment que vous devez avoir, c'eſt de la compaſſion : laiſſez-moi, Monſieur, je vous en conjure, laissez mon cœur être malheureux... J'attends ici un parent... celui qui me tient lieu de père ; s'il me voyoit avec vous, il en souffriroit.

VERSORAN.

Quoi ! quelqu'un pourroit vous faire souffrir ? je veux l'empêcher, je veux vous défendre contre la terre entière ; connoissez donc mieux mes sentimens, aimable enfant, je veux vous tirer de l'obscurité, vous affranchir de la pauvreté, éloigner de vous tous les malheurs, à moins que ce n'en soit un que d'être aimé par un homme comme moi.

MARIE.

Ah ! Monsieur, ce n'est pas votre générosité qui me touche, & si j'avois le malheur d'être sensible....

VERSORAN.

Oui, vous le serez, mademoiselle, vous ne vous en répentirez pas, vous serez aimée passionnément, je vous le promets, tous les jours vous en aurez des preuves, elles s'étendront sur tout ce qui vous environne, & nous vivrons dans une union délicieuse ; ignorés de toute la terre, vous habiterez une jolie maison, vous changerez de nom, vous jouirez d'un état charmant.

MARIE.

Je suis au désespoir, Monsieur, vous ne connoissez pas mon cœur, s'il pouvoit être tendre, il seroit vertueux. Non, Monsieur, ne m'aimez pas, & quel peut être votre dessein? il n'est digne ni de vous ni de moi, pourquoi vous attacher à troubler ma vie, à m'humilier, à me faire souffrir?.. Ah si mes sentimens vous étoient connus, vous respecteriez... Que je suis malheureuse! Ah! ma mère: ah! mon oncle, que ne puis-je vous dire tout ce que je souffre.

VERSGRAN.

Vous mettez un feu, une délicatesse dans vos expressions, qui pénètrent mon ame; vous disposerez de tout ce qui est en mon pouvoir, je veux que vous connoissiez tout ce que je puis faire pour vous, vous le refuserez ensuite, si vous voulez, vous verrez si je vous trompe, je ferai parler à vos parens, à votre famille, ils seront contens, écoutez mes sermens, vous serez adorée, seroit-ce un malheur pour vous?

MARIE.

Je ne veux que votre estime, Monsieur; mais comment suis-je encore ici, oh! j'aurai la force de m'en arracher: *(elle fuit)*.

VERSGRAN.

VERSORAN.

Non, mademoiselle, ne me fuyez pas, vous voyez mon respect : je vous suivrai jusques... Mais j'apperçois du monde, & elle est déjà bien loin ; elle est charmante, adorable, c'est qu'elle n'est point sans esprit, sa résistance est piquante, & j'ai pu m'appercevoir qu'elle n'est pas dans son cœur, l'insensibilité ne met pas tant de chaleur dans sa défense ; qu'elle avoit d'attraits lorsqu'elle me pressoit de la fuir ! qu'elle avoit de charmes en me disant de ne pas l'aimer, qu'elle étoit séduisante en refusant ce que je lui offrois ; je ne puis l'abandonner, je ne puis résister aux desirs qu'elle m'inspire ; non, je ne renoncerai pas à mon projet, & je n'ai pas de temps à perdre ; quoi ! dès ce soir un vil paysan seroit... c'est impossible.... Je m'y opposerai, les mesures sont bien prises, le carrosse, les chevaux, des hommes surs ; ce soir, à la nuit, entre neuf & dix heures, tout est bien arrangé, dans mon château à dix lieues d'ici : le parti est violent ; mais, tout s'arrange, & je ne puis laisser échapper.... *(Il voit Philippe).*

SCENE V.

VERSORAN, PHILIPPE.

VERSORAN.

AH vous voilà, mon ami, on doit vous avoir parlé de ma part : comment avez-vous pu arrêter mes chevaux ! je dois vous récompenſer, j'ai ordonné que l'on vous comptât cinquante louis, & ſi je puis vous rendre ſervice....

PHILIPPE.

Ce que j'ai fait, Monſieur, ne mérite pas une auſſi grande marque de généroſité, votre bienfaiſance ne manque aucune occaſion....

VERSORAN.

Il eſt vrai que j'aime beaucoup à faire du bien, ſi je vous euſſe connu plutôt vous auriez été un des objets de ma charité ; dès ce moment vous pouvez compter que je ne vous oublierai pas.

PHILIPPE.

Que vous avez d'humanité, Monſieur ! ſi j'oſe l'implorer, ce n'eſt pas pour une récompenſe, il eſt digne de vous de protéger des malheureux, mais ce feroit vous importuner dans ce moment.

VERSORAN.

Parlez, de quoi s'agit-il? je puis vous écouter quelques inſtans.

PHILIPPE.

On dit votre mariage avec mademoiſelle de Verbonne, Monſieur; elle mérite bien de trouver toutes les vertus dans celui qu'elle choiſira.

VERSORAN.

Mon mariage n'eſt pas encore fait, mais j'emploierai mon crédit pour vous.

PHILIPPE.

Je vous confierai, Monſieur, ce que perſonne ne ſait encore ici; une jeune fille dont le ſort eſt lié au mien, qui eſt malheureuſe, qui n'a d'autre reſſource que ſa vertu & ma pauvreté....

VERSORAN.

Je comprends, c'eſt votre fille que quelqu'homme aura trompée, qu'il aura abandonnée, & qui ſe trouve dans l'embarras: eh bien, il faut pourſuivre cet homme; il y a des loix, & s'il faut de la protection, de l'argent....

PHILIPPE.

Non, Monſieur, ce n'eſt pas cela, cette jeune perſonne dont je vous parle vivoit dans l'obſcurité, occupée de ſon travail, dont le produit aidoit à ſoutenir ſa mère qui eſt infirme & miſérable ; cette jeune fille a quelque beauté, & c'eſt ce qui la fait remarquer par un jeune ſeigneur. Depuis quelque temps il fait tous ſes efforts pour la ſéduire ; comme il a tous les avantages de la nature & de la fortune, il y réuſſira ſûrement... Hélas ! elle eſt ma nièce, elle m'eſt chère comme ma propre fille : que dois-je faire, Monſieur, pour prévenir le malheur dont elle eſt menacée ; c'eſt ce conſeil que j'oſe vous demander, & que j'attends de vous.

VERSORAN.

Je ne ſais ce que vous voulez dire, mon ami, il n'y a rien à vous conſeiller là-deſſus, c'eſt une misère... Cette fille eſt, dites-vous ?

PHILIPPE.

Ma nièce, Monſieur, & je mourrai dans le déſeſpoir ſi ſa vie eſt ternie par la honte & la ſéduction.

VERSORAN.

Il y a quelque manège là-deſſous, on veut tirer parti... Je ſaurai m'en défendre.

PHILIPPE *ſe jette à genoux.*

Je me jette à vos genoux, Monſieur ; ayez pitié de ma misère & de ma vieilleſſe, laiſſez-moi la ſeule conſolation qui me reſte ; cette pauvre enfant, que deviendra-t-elle ?

ſa vie ſera malheureuſe, ſes ſentimens, ſon caractère ne méritent point cet opprobre

VERSORAN.

On ne s'attend point à cela, je ſens une émotion... c'eſt un vrai déſagrément...

PHILIPPE.

Je ne vous quitte point, Monſieur, que vous n'ayez pitié de nous, vous n'aurez point le cœur aſſez dur pour faire deux malheureux, & mademoiſelle de Verbonne..... réſiſterez-vous à ſon nom! J'emploie tout pour mériter votre compaſſion.

VERSORAN.

En vérité, cet homme eſt importun... qu'eſt-ce que c'eſt donc que ces malheureux, mon ami, je n'en ai jamais fait, & je viens à leur ſecours quelquefois... il n'y aura qu'à leur donner... *(A part)*. Ceci devient tout-à-fait pénible & ennuyeux... Renoncer à mes eſpérances, à mes projets, c'eſt impoſſible, c'eſt au moins elle qui en décidera, fuyons... Je vous ferai parler, mon ami. *(Il s'en va en fredonnant)*.

SCENE VI.

PHILIPPE *seul.*

JE n'ai rien obtenu, & cet homme abusera du pouvoir que lui donnent la naissance & les richesses, j'aurai la douleur cruelle de de voir ma nièce perdue, déshonorée: qu'est-ce que je puis contre tant d'objets séduisans? pressée par la pauvreté, séduite par les flatteries... Mais pourquoi ne compterois-je pas sur sa vertu, il en est dans son cœur.... Il faut presser son mariage avec Antoine, dès ce soir il sera conclu, nous signerons; je parlerai à un notaire, je vais tout arranger, & madame de Verbonne, je puis compter sur sa protection; elle l'accordera à ma nièce, c'est une générosité digne d'elle. Je leur avois dit de se trouver ici, je voulois les lui présenter; mais je la vois qui s'avance, je vais tout lui révéler.

SCENE VII.

Madame DE VERBONNE, ERASTE, PHILIPPE.

Madame DE VERBONNE.

AH! je ſuis bien aiſe de vous retrouver, Philippe : êtes-vous remis de la fatigue que vous avez eue ? vous avez ſouffert ; mais vous avez l'air ému, ſeroit-il arrivé quelque choſe de nouveau ? quelqu'un vous auroit-il fait de la peine ? confiez-moi tout, ne me cachez rien.

ERASTE.

Oui, dites-nous ce qui vous afflige, vous êtes ici avec vos amis.

PHILIPPE.

Votre charité, madame, va toujours au-devant de mes peines, elle ne ſe laſſe jamais : hélas ! j'étois miſérable, & je vais être bien malheureux.

Madame DE VERBONNE.

Comment ? depuis ce matin votre ſort auroit-il changé ? qu'eſt-il donc arrivé ? Vous me donnez de l'inquiétude : tantôt je n'ai pu entendre la ſuite de votre hiſtoire, je ne l'ai point oubliée, que devîntes-vous à la mort de votre frère, ſa femme, malade & pauvre, une fille! eh bien!

PHILIPPE.

Hélas! madame, ma belle-ſœur & ſa fille nous ne nous ſommes point quittés.

Madame DE VERBONNE.

Comment? elles ſeroient ici, & je ne l'ai point ſu, je ne les connois point?

PHILIPPE.

A la mort de mon frère ſa femme ſe trouva dans la plus cruelle indigence, je promis de ne point la quitter; obligée d'aller rejoindre ſa famille dans une province éloignée, nous avons entrepris un voyage que ſa ſanté n'a pu ſoutenir, elle eſt tombée malade dans ce pays, & bientôt preſſée par la misère, & ne recevant aucune nouvelle, nous avons eu recours au travail, nous avons imploré la charité, & la vôtre, madame... Je ne puis y penſer ſans répandre des larmes de reconnoiſſance... C'eſt vous qui nous avez ſoutenus, vous n'avez pas ſu tout le bien que vous faiſiez.

ERASTE.

Votre ſort, votre diſcrétion me touchent, mon ami, on ne peut avoir plus de vertu: eh bien, cette ſœur, cette nièce....

PHILIPPE.

Elle eſt aujourd'hui la cauſe de mon chagrin, de ma peine.

Madame DE VERBONNE.

Quoi ? elle manqueroit à ce qu'elle vous doit ; je comprends, une jeune fille, de la pauvreté, de la misère.

PHILIPPE.

Je ne puis pas me plaindre d'elle, elle feroit digne d'un meilleur ſort, elle eſt la conſolation de ma vie, mais à dix-huit ans, de la beauté... il eſt tant d'écueils.

Madame DE VERBONNE.

Eh quoi ? ſeroit-ce quelqu'homme, quelqu'aventure fâcheuſe ? les filles pauvres ſont ſi expoſées.

PHILIPPE.

J'ai tout à craindre, mais je ne dois pas révéler ici....

ERASTE.

Voilà l'intrigue de Verſoran qui va ſe découvrir, il faut prévenir...

Madame DE VERBONNE.

Que dites-vous de Verſoran ? Qu'auroit-il ici de commun ?

ERASTE.

Son nom m'eſt échappé, mais que Philippe ne diſe que....

PHILIPPE.

Puifque Monfieur l'a nommé.

mad. DE VERBONNE.

Eh bien, Verforan!

PHILIPPE.

C'eft lui, madame, qui eft la caufe de mes peines.

Madame DE VERBONNE.

Seroit-il poffible! Je le croyois entièrement occupé.... il faut favoir.... il faut éclaircir....

PHILIPPE.

Madame, ce billet peut vous inftruire.

Madame DE VERBONNE.

Voyons, lifons... « Vous favez, ma belle enfant, l'impreffion que vos charmes ont fait fur moi, je vous aime paffionnément, je fuis sûr que vous ferez contente de moi, mais je veux vous voir, je veux vous parler à vous feule, dites feulement un mot à la perfonne qui vous remettra ce billet, elle eft de vos amies & des miennes, quand vous connoîtrez ma façon de penfer, vous verrez qu'il n'y a aucun danger de connoître quelqu'un qui vous aime autant que Verforan... » Je tombe des nues... je ne fais que penfer... Mon pauvre Philippe, il faut voir ce qu'il y a à faire dans tout cela, j'y prends le plus grand intérêt, je veux voir votre nièce, amenez-la ici, nous la garantirons de tout.

PHILIPPE.

Je voulois vous la préſenter aujourd'hui, madame, & la mettre ſous votre protection: depuis quelque temps elle eſt aimée d'un jeune laboureur qui veut l'épouſer, & dès aujourd'hui je dois régler ſon mariage; je craindrois peu, ſi je ne voyois ma nièce ſuivie & entourée par des gens qui épient tous ſes pas, toujours quelqu'un roule autour de notre demeure, & je l'avoue... je ſuis dans la crainte d'un enlèvement.

Madame DE VERBONNE.

Eraſte, ceci devient ſérieux, il faut prendre des meſures pour empêcher une folie, une extravagance qui auroit des ſuites fâcheuſes.

ERASTE.

Tout ce que je puis, madame, c'eſt de parler à mon ami, il y a peut-être dans tout cela de l'exagération; Verſorin a l'ame honnête, je ſaurai la vérité, & ſi mes ſoins & mes repréſentations ne pouvoient rien, je prendrai des meſures pour mettre des obſtacles; je ferai veiller ſur ſes démarches, des gens ſûrs m'avertiront & s'oppoſeront à ſes entrepriſes.

Madame DE VERBONNE.

Il faut y penser. Philippe, soyez tranquille, allez rassurer votre nièce, il ne lui arrivera rien, amenez-là incessamment chez moi.

PHILIPPE.

Que de bonté! madame.

Madame DE VERBONNE.

Allez, ne perdez point de temps, qu'elle vienne, je languis de la voir, de lui parler.

PHILIPPE, *s'en allant.*

Je vais passer chez un notaire pour arranger le contrat... dès ce soir Marie....

SCENE VII.

Madame DE VERBONNE, ERASTE.

Madame DE VERBONNE.

Vous comprenez, Eraste, l'intérêt que je prends à cette histoire; je me défie de Versoran: pour ma fille, il faudroit, je crois, l'instruire.

ERASTE.

Madame, il est possible qu'il y ait de l'erreur, de la légéreté de la part de Versoran, cela ne doit pas faire renoncer à des avantages assurés, il est possible d'ailleurs que le cœur de mademoiselle de Verbonne soit prévenu, & Verforan n'est pas incorrigible, c'est une fantaisie qui tient à son âge, & point à son caractère, la crainte de déplaire à mademoiselle de Verbonne...

Madame DE VERBONNE.

Je vous admire, Eraste, tant de vertu mérite plus de succès, elle décideroit ma préférence, je voudrois que ma fille pensât de même, son air de gaîté lorsqu'elle est avec vous me le fait croire quelquefois; vous n'avez peut-être pas assez de confiance en votre mérite.

ERASTE.

Je vous l'avouerai, Madame, j'ai parlé à Mademoiselle de Verbonne, j'ai osé lui dire tous mes sentimens, & sans aucune considération pour mon âge & pour le sien, je lui ai fait voir le bonheur que j'aurois de lui plaire; elle sait que c'est mon ambition, & qu'elle peut décider de ma vie.

Madame DE VERBONNE.

Eh bien, comment a-t-elle reçu vos intentions?

ERASTE.

Sa bonté, son cœur honnête, m'ont caché, je crois, ses sentimens & son indifférence; j'ai craint d'en être trop instruit : elle avoit l'air plus contente lorsque je parlois de Verforan.

Madame DE VERBONNE.

Votre modestie vous a peut-être trompé, je ne puis m'en rapporter à ce que vous me dites, je ferai mieux instruite par elle-même, je saurai ce qu'elle pense, ce sera peut-être encore à ce pauvre Philippe à qui je devrai le bonheur de ma fille ; vous m'aiderez à travailler pour lui.

ERASTE.

Madame, je vais chez Verforan, je lui parlerai, & si je ne puis le trouver, ou si je ne puis rien opérer sur son esprit, je ferai garder la maison de Philippe, jusqu'à ce que nous soyons assurés de tout ce qui peut lui arriver.

Madame DE VERBONNE.

Revenez souper avec nous, nous parlerons encore de tout ce qui vous intéresse; je vous attends bientôt. Eraste.

ACTE V.

SCENE PREMIERE.

Madame DE VERBONNE, ERASTE.
(Il fait une nuit claire)

Madame DE VERBONNE.

LA nuit eſt belle; venez, Eraſte, nous prendrons ici le frais, nous cauſerons. (*ils s'aſſeient ſur un banc*) Je vous le répéte, je crois que vous vous trompez, ma fille n'a point la prévention que vous lui ſuppoſez en faveur de Verſoran; & ſi vous ne ſavez pas voir les diſpoſitions favorables où elle eſt pour vous, c'eſt que, comme tous les hommes amoureux, vous n'êtes jamais content.

ERASTE.

Non, Madame, je ne puis me perſuader qu'elle ait pour moi un ſentiment de préférence, ce bonheur ſeroit trop grand, je ne puis le croire; Mademoiſelle de Verbonne rendra au moins juſtice à mes ſentimens, elle verra que ſon bonheur ſeul eſt l'objet de mes vœux.

Madame DE VERBONNE.

Il ne vous fera point difficile de l'en convaincre; dans l'état des chofes je fuis prefque sûre qu'elle y répondra. Elle voit Verforan tel qu'il eft, fans lui dire tout ce que nous avons appris, elle juge très-bien de fa légéreté avec les femmes ; ce trait de fon caractère, & fon amour propre ne lui ont point échappé ; le brillant de fon efprit, fa figure, fon élégance ne l'ont point éblouïe : elle voit fes agrémens, & elle rend juftice à votre modeftie, à votre délicateffe, elle fent le mérite de l'efprit, du goût & de la raifon; c'eft une douceur fatisfaifante pour moi de voir qu'elle eft plus effentielle qu'on ne l'eft ordinairement à fon âge.

ERASTE.

Ce feroit le fruit de l'éducation que vous lui avez donnée, madame ; mais jamais je ne pourrai me livrer à l'efpérance là deffus; Verforan a trop d'avantages, il eft fait pour plaire, & moi...

Madame DE VERBONNE.

Rien ne doit vous donner ces idées... mais n'avez-vous rien appris, rien découvert? Il fe cache de vous fans doute... & Philippe.... & fa nièce?

ERASTE.

Je n'ai pu trouver Verſoran, mais j'ai prépoſé des gens pour ſuivre ſes démarches : on doit veiller autour de la maiſon de Philippe, il doit décider & ſigner ce ſoir le mariage de ſa nièce, cet acte une fois paſſé, ils ſeront tranquilles ; d'ailleurs, madame, je connois Verſoran, il a le cœur bon & l'ame honnête ; le feu de la jeuneſſe peut l'emporter, mais il en reviendra bientôt ; ſon caractère généreux ne peut s'attacher à faire le mal, il le réparera, & la vertu aura ſon empire, il n'en ſera que plus aimable, que plus intéreſſant ; un jour il me remerciera des obſtacles que j'ai mis à ſes deſſeins, il ſera heureux, & moi...

Madame DE VERRONNE.

Je languis qu'il n'y ait plus rien à craindre pour Philippe, & je ſouhaite que ma fille en ſuivant ſon inclination me laiſſe la certitude qu'elle ſera heureuſe, je ne prévois pas que Verſoran... Mais que vois-je, quelle lumière paroît dans ce chemin ! Il ſemble que l'on conduiſe un bleſſé..., (*ils s'approchent du côté du chemin.*) C'eſt Philippe, oui c'eſt Philippe que je vois, la tête enveloppée de linges enſanglantés, le viſage couvert de ſang, qu'eſt-ce qu'il lui eſt donc arrivé ?

SCENE II.

PHILIPPE *la tête enveloppée de linges, du ſang ſur ſon habit ; un petit payſan porte une lanterne ; un homme le ſoutient, il s'appuie ſur Marie.* Madame DE VERBONNE, ERASTE.

ERASTE *va au-devant de Philippe, & le ſoutient.*

AH Ciel ! comme vous êtes maltraité, mon ami, que vous eſt-il donc arrivé ? Il faut les plus promts ſecours.

Madame DE VERBONNE.

Mon Dieu ! quel malheur, il ne peut ſe ſoutenir, qu'on le faſſe aſſeoir.

ERASTE.

Il eſt horriblement bleſſé. (*à Marie*) Quel eſt donc cet accident, Mademoiſelle, inſtruiſez-nous, je vous prie ?

PHILIPPE *s'eſt aſſis.*

Pardon, Monſieur, hélas c'eſt peu de choſe ! je n'ai pas beaucoup de mal, je ne ſouffre plus à préſent, toujours votre bonté, votre charité, madame...

Madame DE VERBONNE.

Ne penſons qu'à vous, mon pauvre

Philippe, dites-nous ce que c'eſt ; il faut des ſecours, un chirurgien, un médecin, il y a peut-être du danger, il ne faut pas reſter ici : c'eſt ſans doute votre nièce ? dans quel moment je la vois !

PHILIPPE.

Non, madame, il n'y a aucun danger pour moi, & c'eſt pour elle, oui, c'eſt pour ma nièce que j'implore vos bontés, votre protection.

Madame DE VERBONNE.

Que puis-je donc, ne me tenez pas plus long-tems en ſuſpens, j'ai la plus vive inquiétude....

ERASTE.

Mon ami, tâchez de nous inſtruire, tâchez de nous dire ce qui vous eſt arrivé, ſi vos forces vous le permettent, ou bien allons....

PHILIPPE.

Il n'y a rien à craindre pour moi, Monſieur, je ne ſouffre plus, & ici je ſuis tranquille : ma nièce, raconte ce qui s'eſt paſſé, la vérité dans ta bouche ſe fera mieux entendre, madame pardonnera ta timidité.

Madame DE VERBONNE.

Mademoiſelle, ne craignez rien, nous ſommes déjà tous vos amis.

MARIE.

Ah ! Madame, j'ai le cœur ſi ſerré, que je ne ſais comment répondre à vos bontés, je voudrois exprimer...

Madame DE VERBONNE.

Dites-nous par quel accident votre oncle eſt dans cet état ?

MARIE.

Ce ſoir, madame, j'étois auprès de ma mère, dont les maux cruels font à tout moment craindre pour ſa vie ; une femme qui demeure avec nous, ſous prétexte de me diſtraire, m'a propoſé de ſortir un moment, ma mère étoit mieux, je me ſuis laiſſée entraîner ; à quelques pas de la maiſon il s'eſt offert à nos yeux un caroſſe, cette femme feignant de la curioſité, nous nous ſommes approchées, elle a ouvert la voiture, elle m'a invitée en riant d'y monter, deux hommes nous en ont preſſées, ils ont voulu nous aider à y entrer, je m'y refuſois, & je me défendois contr'eux ; dans cet inſtant mon oncle nous a apperçues de loin, il nous a appelées, en même tems il a vu un homme attaqué par deux autres hommes, il a volé à ſon ſecours ; en nous criant de nous éloigner , il s'eſt jeté au milieu des épées, j'ai entendu des cris , dans mon trouble je n'ai pu voir exactement ce qui se passoit, mais bientôt j'ai vu mon oncle baigné dans son sang, il étoit avec des hommes armés qui disoient vouloir nous défendre, & qui se sont enfuis lorsqu'il est venu des gens de la maison; on a secouru mon oncle, on a pansé sa blessure, il a demandé à être conduit auprès de vous, madame, & jusques à présent il n'a pas voulu dire qui est celui pour lequel il a été maltraité, & qu'il vouloit défendre.

ERASTE.

Voilà ce que je n'ai pas pu prévoir, j'avois cependant recommandé.... C'est moi qui suis la cause...

Madame DE VERBONNE.

Mais Philippe, pourquoi vous jeter au milieu des épées, sans armes, c'est sans doute là où vous aurez été blessé.

PHILIPPE.

C'est tout ce que je puis dire, madame, je crois avoir sauvé la vie à un homme qui dans l'obscurité se battoit avec deux autres; c'est tout ce que je voulois, ma vie est si peu de chose!.... Ce soir, je revenois à la maison avec M. le Notaire, il avoit dressé le contrat de ma nièce, je comptois le ſigner auprès du lit de ſa mère mourante.

Madame DE VERBONNE.

Mais qui eſt donc celui pour qui vous vous êtes expoſé ? Vous ne voulez ſans doute pas vous expliquer plus clairement ici ? Il faut entrer chez moi, il faut le tranſporter... Mais le ſpectacle d'un homme bleſſé, mourant, le bruit à ces heures.... ma fille pourroit en avoir une émotion dangereuſe, il faut la prévenir, je vais vous envoyer du ſecours, Philippe, & des gens pour vous aider à venir dans la maiſon. Venez, Eraſte, j'ai peine à me ſoutenir.

ERASTE.

Je voudrois ſeconder vos ſoins généreux, madame, & par les miens rendre hommage à la vertu de ce brave homme.

SCENE III.

PHILIPPE & MARIE. *Le Notaire qui a ſoutenu Philippe, tient le contrat qu'il a ſorti de ſa poche, lorſque Philippe en a parlé ; la lanterne qui a éclairé eſt à terre devant Philippe ; le petit payſan s'eſt retiré.*

PHILIPPE.

COMMENT, Antoine n'étoit-il pas auprès de toi, Marie ? Il devoit y être, il devoit m'attendre. Ah! ma nièce, ce M. Verſoran, je crains tout de lui.

MARIE.

Ah! mon oncle, que je ſuis malheureuſe, je ſuis la cauſe de tous vos maux. Dieux, c'eſt lui!...

SCENE IV.

VERSORAN, MARIE, PHILIPPE.

VERSORAN.

OUI, Mademoiſelle, je vous ſuis, je vous cherche, je ſuis au déſeſpoir de ce qui s'eſt paſſé ; mais pourquoi êtes-vous donc ici ?

PHILIPPE.

Vous ne voulez pas, Monſieur, poursuivre votre dessein, vous voulez laisser mourir en paix la mère, l'oncle de cette pauvre fille, vous voulez laisser des malheureux que vous pouvez rendre plus malheureux encore.

VERSORAN.

Ah Philippe! dans quel état vous êtes, j'en suis désespéré, je veux tout réparer; que puis-je? parlez : il est vrai, j'étois suivi par deux hommes importuns qui m'observoient, j'ai vu que leur dessein étoit de s'opposer à mes intentions, j'ai été obligé de les repousser l'épée à la main, ils sont venus sur moi, dans cet instant vous vous êtes jeté entre nous, ils ont cru que vous veniez à mon secours, & dans l'obscurité les coups sont tombés sur vous; dites-moi s'ils sont dangereux, dites-moi ce que je puis... ce que vous voulez?

PHILIPPE.

Je veux sauver ma nièce, & si j'ai garanti votre vie, je vais mourir content, vous ne serez point coupable, Monsieur, le plus profond secret...

VERSORAN.

Vous me voyez à vos pieds, Philippe; tant de vertus méritent mon hommage, j'implore mon pardon : oui, j'en fais l'aveu, (*il se relève*) j'ai voulu éloigner votre nièce de ſon état de peine & de pauvreté. Vous, ſa mère, vous auriez connu le bien être, les ſecours vous euſſent été prodigués, & Marie, la belle Marie eût régné ſur mon cœur, je ne ſais tout ce que ſa beauté & ſa vertu euſſent obtenu de moi, je ne puis encore renoncer à la paſſion qu'elle m'a inſpirée; oui, adorable Marie, vous aimer, vous adorer, eſt le ſort de ma vie. Au milieu de mes projets, ce ſont les ſentimens que j'ai eus; aveuglé par l'amour, j'ai voulu vous arracher à votre état, à vous-même, les moyens que j'ai employés, c'étoit pour vous rendre heureuſe, vous euſſiez diſpoſé de tout, vous le pouvez encore, ſi votre indifférence ne s'y oppoſe pas.

MARIE.

A vos tranſports, Monſieur, à votre égarement, laiſſez-moi oppoſer toute ma raiſon : depuis que le haſard m'a rendue l'objet de votre attention, je n'ai ceſſé de ſentir la diſtance qui nous ſépare, rien ne peut la diminuer, quels que ſoient les ſentimens de mon cœur, il ne trouvera jamais que des obſtacles; ainſi, Monſieur, laiſſez-moi où le ſort m'a placée, laiſſez-moi la conſolation de n'avoir terni ni votre vie, ni la mienne; vous aurez bientôt rappelé votre raiſon, vous ſentirez ce que vous vous devez à vous-même; laiſſez dans l'obſcurité & dans la miſère une fille qui n'eſt pas faite pour le bonheur.

VERSORAN.

Non, Mademoiſelle, je ne vous abandonne point, votre générosité, votre délicateſſe ne laiſſent aucune borne à ma paſſion pour vous, vos vertus vous élèvent au-deſſus de moi; belle, aimable, vertueuſe, vous êtes digne de toutes les diſtinctions, de toutes les fortunes, je ne puis ceſſer de vous aimer. Ah Marie! ſi votre cœur eſt ſans pitié, ſi votre ame eſt ingrate!..

MARIE.

Soyez plus juſte, Monſieur; oui je vous aime, j'en fais ici l'aveu, (*elle ſe jette dans les bras d'Antoine qu'elle apperçoit*) & voilà mon époux.

SCENE V.

PHILIPPE, MARIE, ANTOINE.

ANTOINE *reçoit Marie dans ſes bras.*

MORGUENNE, je ſavions bian qu'à la fin je nous aimerions tendrement l'un l'autre, ce ſera bian mieux encore quand je ſerons mari & femme.

MARIE *tombe aux genoux de Philippe.*

Ah! mon oncle, je ſuis au déſeſpoir, ayez pitié de moi, ſoutenez mon courage, vous ſeul pouvez me faire ſupporter la vie.

PHILIPPE *l'embraſſe.*

Mon enfant, ta vertu te donnera des forces, ton cœur n'aura rien à ſe reprocher, tu verras le bonheur autour de toi, tu ſeras heureuſe, je mourrai plus content, & les jours de ta mère ſeront plus tranquilles. Mais ton cœur...

MARIE *toujours aux genoux de Philippe.*

Mon oncle, je fais ſerment dans vos mains de n'aimer jamais que mon époux; (*elle ſe relève*) oui, Antoine, je ſuis à vous, mon cœur revient de ſon erreur.

ANTOINE.

Oh moi, je n'ons pas beſoin de faire ſarment, je ſommes bian sûr de n'aimer jamais que Marie.

PHILIPPE.

Je comptois ſigner ce ſoir ce contrat; (*à Verſoran*) veuillez, Monſieur, que ce ſoit ſous vos auſpices, & que votre protection...

SCENE VI.

PHILIPPE, MARIE, ANTOINE, ERASTE, Mad. DE VERBONNE, VERSORAN, des Domeſtiques.

Madame DE VERBONNE.

VENEZ, Philippe, venez chez moi, je veux vous recevoir vous & votre nièce, on vous tranſportera.... (*à Verſoran*) vous ici, Monſieur?

VERSORAN.

Vous voyez, madame, l'homme le plus coupable, je ne crains point d'en faire l'aveu : une paſſion malheureuſe m'avoit égaré, j'ai cru que la beauté dans l'indigence devoit céder à mes deſirs, j'ai cru que les richeſſes.... Ah Philippe! Ah mon ami! comment réparer tous les maux que je vous ai faits, deux fois je vous dois la vie.

PHILIPPE.

Vous ne me devez rien, Monſieur ; ſecourir un homme en danger eſt le devoir de tous les hommes; qu'eſt-ce que ma vie? La vôtre peut être ſi utile!

VERSORAN.

Vous me déchirez le cœur, mon ami,

je ſens tout ce que j'ai à me reprocher, j'admire vos vertus : oui, madame, je reconnois la vérité de vos éloges, Philippe eſt un homme reſpectable, il m'a ſauvé la vie, il s'eſt expoſé pour moi, j'avois attaqué des hommes incommodes, ſans lui j'aurois ſuccombé ſous le nombre.

PHILIPPE.

Rendez-nous à notre tranquillité, à notre obſcurité, Monſieur, c'eſt tout ce que je vous demande : ma nièce, ma pauvre nièce ſaura conſoler le peu de jours qui me reſtent; dès ce ſoir ſon ſort ſera aſſuré, il ne nous faut point de richeſſes, ſon travail....

VERSORAN.

Non, mon ami, elle ſera heureuſe, je veux contribuer à ſon bonheur, je pourrai en être le témoin; (*au Notaire*) ce contrat que vous tenez.... Je veux, Monſieur.... Ecrivez (*il lui parle à l'oreille à demi-voix*) que je donne douze mille francs (*le Notaire tire une plume de ſon chapeau, une écritoire de ſa poche, il écrit & il donne à ſigner à Verſoran qui dit en écrivant*) jamais je ne pourrai aſſez reconnoître.... jamais je ne pourrai effacer.... toujours mon cœur le ſentira. (*à madame de Verbonne*) Madame, je comprends ce que vous pouvez penser de moi, je puis réparer ce que j'ai fait, & mériter encore votre estime, je vais y employer ma vie; mais dans ce moment je vois celui qui doit l'emporter sur moi, Mademoiselle votre fille ne doit pas me préférer, c'est un tourment de plus pour mon cœur; mais mon ami sera heureux, & je trouverai une consolation dans son bonheur. (*à Eraste*) Oui, Eraste, voyez mon cœur tel qu'il est, j'ai pu être séduit par des illusions, je me suis laissé éblouir par les attraits de la beauté & de l'innocence, l'apparence du plaisir m'a entraîné, il étoit réservé à Philippe, à sa nièce de m'éclairer; moi, seul malheureux aujourd'hui, je vous laisse jouir de votre bonheur. *(Il sort).*

SCENE VII & *dernière.*

Les précédens.

Madame DE VERBONNE.

JE ne reviens point de mon étonnement... Il eſt vrai, tels ſont les effets de la vertu, on ne réſiſte point à ſon empire ; Philippe, vous pouvez être heureux, vos peines & vos chagrins vont finir ; ne penſons plus qu'à vos maux, & vous, Antoine, & vous Marie, votre bonheur eſt aſſuré ; venez, nous ſignerons tous votre contrat, cet événement heureux prolongera la vie de vos parens. (*aux domeſtiques*) Aidez à Philippe, il a beſoin de ſecours, dans la maiſon on ſoignera ſes maux. (*Marie aide à Philippe, elle le ſoutient, il dit en s'en allant.*)

PHILIPPE.

Votre humanité ſeule, madame, eſt digne d'admiration, & ma vie eſt trop peu de choſe pour mériter votre attention.

Madame DE VERBONNE.

Ne penſons qu'au bonheur de votre famille, Philippe, votre charmante nièce m'aidera à ſoulager vos maux ; dès ce moment je l'aime, je l'eſtime, ſoyons amis... Eraſte, je voulois que vous appriſſiez de ma fille même que c'eſt à vous à qui elle donne la préférence que vous méritez, je voulois que votre modeſtie fut récompenſée par le plaiſir de l'entendre de ſa bouche, & j'avois la méchanceté de vous laiſſer dans l'incertitude ; je ne veux pas que vous l'ignoriez plus long-temps : oui, Eraſte, vous ſerez mon gendre, & mon cœur eſt ſatisfait.

ERASTE.

Ah ! madame, dans l'excès de mon bonheur, je ne puis exprimer tous mes ſentimens !

FIN.

LES

MANNEQUINS,

OU

LA BONNE FÉE,

Comédie en un Acte.

ACTEURS.

LA FÉE, avec une baguette.

ELVIRE, nièce de la Fée, mise très-simplement, quelques fleurs sur un chapeau très-simple, des cheveux rangés naturellement.

VALERE.

Un Perruquier.

Deux marchandes de modes.

Un Jouaillier.

Un Chanteur.

Un Musicien.

Un Danseur de l'Opéra.

Trois femmes & deux hommes jouant à une table de jeu.

Trois femmes & deux hommes en conversation.

Deux femmes & deux hommes de même.

Les tableaux magiques.

Personnages pour le bal de l'Opéra, &c.

La Scène est à la campagne de la Fée, sous des arbres. Le Théâtre représente plusieurs arbres touffus arrangés naturellement en bosquet.

LES MANNEQUINS,

OU

LA BONNE FÉE,

COMÉDIE.

SCENE PREMIERE.

ELVIRE, *un petit panier à la main; elle vient avec un air de curiosité: elle regarde au travers des arbres, comme pour découvrir un objet éloigné.*

IL n'y eſt pas aujourd'hui, non... Je ne vois rien, il n'y eſt pas encore.... peut-être qu'il ne viendra pas... il eſt vrai que je ne ſuis jamais venue ſi matin... Voilà, je crois, la quatrième fois... oui, c'étoit hier la troiſième... Il ne ſait pas que je le vois, & j'ignore qui il eſt, il me paroît charmant. *(Elle regarde encore)* Je ne vois rien, s'il ſavoit que je le vois, il ne viendroit peut-être pas ſi près. Ma tante connoît ſûrement ce beau jeune homme; elle ſait tout, ma tante, elle eſt bien heureuſe. Une fois je veux lui en parler... Pourquoi vient-il toujours au bord de ce ruiſſeau?

hier il avoit l'air trifte, occupé; il s'affit au bord de l'eau, il joua fur fa mufetteun air charmant, je l'ai retenu (*elle chante l'air*); *elle dit:* On pourroit y faire des paroles, je veux effayer. (*Elle chante les couplets, à la fin du troifième & du quatrième couplet, une flûte répète le refrein dans l'éloignement*).

PREMIER COUPLET. Air : *Numéro premier.*

Lorfqu'un objet de loin a fu nous plaire,
Le cœur y penfe, en vain on veut fe taire,
Il eft bien doux de voir, de regarder,
Mais il faudroit que l'on put s'approcher.

2

Toujours penfer conduit à la triftesse;
Quand on eft loin, c'eft l'ennui qui nous preffe,
Il eft bien doux de pouvoir s'approcher,
Mais il faudroit s'entendre & fe parler.

3

En écoutant on peut fe faire entendre,
Il eft des mots faciles à comprendre.
Il eft bien doux de pouvoir fe parler,
Mais il faudroit être sûrs de s'aimer.

4

Le cœur le dit, faut-il donc s'en défendre?
Déjà je crains un fentiment trop tendre;
Il eft, je crois, dangereux de s'aimer.
Ou bien il faut ne jamais fe quitter.

(*Elle regarde encore au travers des arbres*). Oh! je ne crains rien... il ne viendra pas ici, il faudroit qu'il traversât le ruisseau, il se mouilleroit... & je m'en irois bien vîte... Mais j'entends du bruit dans les feuilles, je fuis. (*Elle rencontre la Fée*).

SCENE II.

ELVIRE, LA FÉE.

ELVIRE.

AH! c'est vous, ma tante?

LA FÉE.

Comment êtes-vous ici si matin, Elvire? je vous cherchois, vous venez quelquefois lire sous ces arbres, mais vous êtes sans livre.

ELVIRE.

Je voulois remplir ce panier de fleurs bien fraîches, & vous offrir un bouquet; depuis quelques jours il en est éclos ici de si belles.

LA FÉE.

Et c'est pour elles que vous négligez celles de votre jardin?

ELVIRE.

Je voulois aussi guéter les oiseaux pour

voir comment ils font leur nid, afin de l'apprendre à ceux de ma volière.

LA FÉE.

Vous voulez apprendre à vos oiseaux à faire leurs nids!

ELVIRE.

Je crois qu'ils feroient si heureux! ils ont tout ce qu'il leur faut pour vivre, il ne leur manque que de faire leurs nids.

LA FÉE.

Vous occuperez-vous toujours de fleurs & d'oiseaux? Vous devez avoir des idées plus essentielles, plus importantes; à votre âge, il faut penser....

ELVIRE.

Oh! ma tante, je pense beaucoup, je m'occupe de tout: la nature, par exemple, elle est si belle! eh bien, je l'admire, je l'étudie même; jamais elle n'a été si belle que ce printemps. Comme tout s'anime! comme tout se reproduit! Une fois nous en parlions, je m'en rappelle à présent, mais je ne comprends pas....

LA FÉE.

Ecoutez-moi, ma nièce. Vous devez penser que les peines que je me suis données pour votre éducation, que les soins que j'ai pris pour former votre esprit, & développer vos talens doivent avoir un but plus important, plus eſſentiel que ce qui vous occupe aujourd'hui; je veux que vous ſoyez plus heureuſe, je penſe à un établiſſement pour vous.

ELVIRE.

Eh bien, ma tante, il y a ici tout ce qu'il faut... Votre château eſt une demeure charmante, les environs en ſont délicieux, il y a des points de vue ſi intéreſſans! conſacrer ma vie à vous plaire, à vous aimer, c'eſt tout mon bonheur, ici je pourrois être ſi heureuſe avec vous.

LA FÉE.

Il eſt vrai, nous ſommes heureuſes, mais je jouirois mal de mon ouvrage, ſi je n'avois pas un autre objet: je vous ai élevée dans la retraite, c'eſt dans le monde que vous devez paroître, c'eſt là où vous jouirez des qualités, des vertus, des agrémens que j'ai cherché à développer & à faire naître chez vous.

ELVIRE.

Ce monde, cette ſociété des villes, vous m'en parlez ſouvent; j'ai tous les jours plus d'éloignement pour elle : eſt-ce donc une choſe ſi délicieuſe? ſi néceſſaire, que ce que vous appelez le monde?

LA FÉE.

C'eſt-là où ſe trouvent raſſemblés nos

parens, nos amis, nos connoiſſances; &; par les devoirs que l'on ſe rend réciproquément, on jouit de l'amitié, des ſentimens que l'on a les uns pour les autres; la ſociété fournit des plaiſirs dont on jouit enſemble, & vous aurez bientôt oublié les fleurs & les oiſeaux.

ELVIRE.

Mais je trouve tout cela auprès de vous; vous êtes ma parente, mon amie, mes connoiſſances: nous pouvons en faire encore; tous les jours nous avons quelques plaiſirs nouveaux. Ah! ma tante, ne troublons point notre bonheur.

LA FÉE.

Je vous ai élevée ici afin d'être mieux la maîtreſſe de former votre eſprit & votre raiſon, pour défendre votre cœur des premiers mouvemens qui nous trompent toujours: aujourd'hui, il faut penſer à l'avenir, & vous ne voudriez pas reſter ici toute ſeule?

ELVIRE.

Seule?... Oh non, ma tante, mais vous reſterez toujours avec nous.

LA FÉE.

En vérité, Elvire, vous êtes un enfant, je ne vous comprends pas, & vos tourterelles ont plus d'intelligence que vous.

ELVIRE.

Eh bien! ma tante, mes tourterelles s'aiment, elles ne vont point dans le monde; & s'il y avoit un monde de tourterelles, elles ne feroient pas si heureuses.

LA FÉE.

Je veux absolument vous faire revenir de votre prévention, je ne sais sur quoi vous avez pu la prendre, je n'ai pas cherché à la combattre, parce que j'ai cru que vous en reviendriez de vous-même.

ELVIRE.

La nature est si belle, il y a des objets si intéressans, on a ici plus de liberté pour en jouir. J'ai toujours cru que le monde étoit le contraire de la nature.

LA FÉE.

Vous vous trompez, il apprend à l'embellir; par exemple, vous vous coëffez, vous vous arrangez toujours avec simplicité, c'est fort bien; mais la toilette, les modes vous apprendroient à varier votre coëffure, votre parure; vous seriez plus belle.

ELVIRE.

Plus belle! ma tante, vous voulez me flatter.

LA FÉE.

Vous vous l'entendriez dire & répéter

à chaque instant; d'ailleurs, vous formeriez des liaisons, vous auriez des amies.

ELVIRE.

Des amies! Et comment seroient-elles, je vous prie?

LA FÉE.

Il y en auroit qui seroient plus jolies, plus belles que vous, qui vous serviroient de modele.

ELVIRE.

Et serois-je obligée de les aimer beaucoup?

LA FÉE.

Il y en auroit aussi qui seroient moins bien que vous, & sur qui vous auriez la préférence.

ELVIRE.

Et elles m'aimeroient? Ma tante, nous sommes si bien ici seules.

LA FÉE.

Vous auriez bientôt un très-grand nombre de connoissances, on se feroit d'abord écrire en foule à votre porte; ensuite, les plaisirs, les spectacles, les soupers rempliroient votre vie agréablement.

ELVIRE.

Il n'y auroit que cela?

LA FÉE.

Vous seriez sensible à l'empressement que l'on auroit de vous voir, de vous plaire.

ELVIRE.

Qu'eſt-ce que cela me feroit ? Je ne verrois rien de ce que je vois ici.

LA FÉE.

Vous aimez les beaux arts, vous verrez tous les hommes qui y excellent, vous connoîtrez les auteurs dont vous avez entendu parler, vous jugerez des chefs-d'œuvres de peinture, de muſique; la variété des modes vous amuſeroit, mille objets différens & intéreſſans occuperoient votre eſprit.

ELVIRE.

Eh bien! ma tante, tous ces objets m'effraïent, il n'en faut pas tant pour m'occuper, & je préfère ce que je vois ici : vous-même, vous regretteriez tant de choſes qui vous y intéreſſent nos voiſins, ceux à qui vous faites du bien; ces deux jeunes gens, par exemple, qui s'aimoient, & qui ne pouvoient s'unir, parce que leurs parens étoient diviſés à l'occaſion de quelques champs, vous ſûtes les mettre d'accord, en leur donnant à chacun beaucoup plus qu'ils ne prétendoient; vous fîtes le mariage des enfans, ce furent deux familles heureuſes; cette réunion, ce mariage, les nôces furent pour nous une fête charmante, qui nous amusa long-tems, & qui nous intéresse encore; lorsque nous allons nous promener dans les hameaux voisins, ce n'est jamais sans rencontrer quelque objet intéressant; tantôt ce sont de bons vieillards auxquels vous avez fait du bien, & auxquels votre présence rend la joie; d'autres fois ce sont de jeunes enfans qui s'empressent de nous apporter des fleurs qu'ils ont cueillies, de nous montrer des oiseaux qu'ils ont dénichés, & auxquels je m'empresse bien vîte de donner la liberté; & cette bonne fermière chez qui nous allâmes hier, quel plaisir elle eut de vous voir! comme elle nous montroit ses troupeaux! comme elle exprimoit naïvement sa reconnoissance sur vos bienfaits! son contentement passoit dans nos ames. Ah! ma tante, que je serois fâchée de me faire écrire dans ces visites, j'aurois encore bien d'autres objets à regretter!

LA FÉE.

Vous me trompez, Elvire, ou vous vous trompez vous-même, votre cœur n'est point fait pour ne pas connoître un autre bonheur encore, depuis quelque tems nous avons lu ensemble quelques romans; n'avez-vous point fait de réflexion?

ELVIRE.

Les occupations m'ont toujours distraite; d'ailleurs, jusques à présent, j'ai regardé les romans comme les fables que vous me faisiez apprendre autrefois.

LA FÉE.

Les hommes, cependant....

ELVIRE.

Je n'en connois presque point, ma tante.

LA FÉE.

Je vous le répéte, ce n'est point pour passer votre vie avec moi & à la campagne que je vous ai élevée : mon but ne sera rempli que lorsque je vous verrai aimée, recherchée, applaudie, & que vous serez à même de faire un choix qui vous rende heureuse, & qui fasse le bonheur de quelqu'un qui le mérite; je veux donc quitter cette solitude, & vous devez vous y préparer.

ELVIRE.

Je serai avec vous, ma tante, & je serai toujours heureuse.... mais il me vient une idée; vous êtes toute puissante, avec votre baguette vous faites tout ce que vous voulez; accordez-moi une grace, faites-moi voir par votre magie toutes ces choses dont vous me parlez, ces toilettes ces modes, ces hommes à talens, les amis, les ſpectacles, & auſſi de ces hommes de romans qui ſavent ſi bien aimer; rien ne vous eſt impoſſible, il vous eſt facile de me faire tout connoître ſans ſortir d'ici; vous pouvez m'en faire paroître quelque image, peut-être qu'alors je prendrai du courage.

LA FÉE.

Comment? Je ne vous comprends pas; vous voulez que je vous faſſe voir ici?...

ELVIRE.

Oui, ma tante: par la force de votre pouvoir & par l'art de la Féerie, vous pouvez fort bien me faire voir ici tout ce que nous irons chercher à la ville; je ferai connoiſſance avec tous ces objets, ils ne me ſurprendront plus, ou bien vous me verrez étonnée de tout, admirer tout, on verra tout ce que je penſe, j'aurai la naïveté d'une femme élevée à la campagne; l'éducation que vous m'avez donnée ne vous fera point honneur.

LA FÉE

Votre idée eſt ſinguliere... Eh bien! j'y conſens, je me rends à ce que vous demandez, je ferai paroître ici des perſonnages de tous les genres; ce feront des figures que vous animerez à votre volonté.

je vous confierai ma baguette, elles répondront à ce que vous exigerez d'elles, & elles disparoîtront au moment où vous le voudrez.

ELVIRE.

Ah! ma tante, que vous êtes bonne! que je vais avoir de plaisir! je verrai ce que je n'ai jamais vu, des hommes de toutes les espèces; j'en disposerai à ma fantaisie; n'est-ce pas ma tante? Ils ne m'imposeront pas, je serai la maîtresse avec la baguette.

LA FÉE.

Il est vrai que vous exigez beaucoup, mais enfin je ferai ce que vous desirez: retirez-vous pendant quelques momens, vous reviendrez ici, & vous trouverez tout disposé suivant votre fantaisie, ne paroissez que lorsque je vous ferai avertir.

ELVIRE, *elle embrasse la fée, & s'en va en disant.*

Ah! que ne vous dois-je pas! (*elle revient*) Ma chère tante, est-ce que je verrai aussi un de ces hommes?... vous savez bien...

LA FÉE.

Comment? un de ces hommes...

ELVIRE.

Oui, de ceux qui commencent par plaire, & qui finissent par aimer, comme il y en a dans les romans.... par curiosité seulement.

LA FÉE.

Non, ma nièce, cela est au-dessus de mon pouvoir; on ne pourroit, je crois, vous plaire sans vous aimer, & vous seriez fâchée que ce ne fut qu'une image sans réalité; d'ailleurs, le sentiment n'obéit point à ma baguette, & je ne veux pas en faire un jeu.

ELVIRE.

Je vais donc attendre ce que vous m'avez promis; oh! que je m'en réjouis!

SCENE VI.

LA FÉE, *seule*.

Son idée est plaisante! elle m'en fait venir une autre, c'est de joindre Valère aux personnages que je ferai paroître; dans le fond, pourquoi contrarier son goût pour la retraite & pour la campagne? elle peut y être heureuse. Valere est élevé dans un château peu loin d'ici par le grand Merlin, à peu près comme j'ai élevé Elvire; nous voulons les unir ensemble, l'engagement en est pris; mais l'oracle l'oracle a décidé qu'ils ne feroient heureux qu'autant qu'ils s'aimeroient, fans favoir qu'ils font deftinés l'un à l'autre ; ils doivent fe voir, fe connoître & ignorer notre intention, il eft arrangé qu'ils fe rencontreront dans le monde, & c'eft dans ce deffein que je voulois y conduire Elvire; je veux en la mariant qu'elle ne fuive que fon inclination, & qu'elle connoiffe le bonheur d'être unie à fon amant : Valère peut lui plaire ici comme par-tout ailleurs ; il eft d'une figure charmante, & je connois fon cœur & fon caractère, Elvire n'a jamais vu d'homme comme lui, leur entrevue fera intéreffante, & l'oracle peut être accompli : je veux en faire l'épreuve. Holà, quelqu'un.... Allez chez le Génie Merlin, dites-lui que je le prie d'envoyer Valère auprès de moi, qu'il foit conduit ici directement fans s'arrêter, & fans qu'il foit vu de perfonne, allez... je vais faire une conjuration pour faire paroître les différens perfonnages, les figures & les mannequins qui doivent jouer leurs rôles.

On entend une mufique bruyante de conjuration, & la fée chante un récitatif avec accompagnement. Air : numero 2.

Paroissez, accourez, hommes fameux & rares
Dont l'art & les talens, inconnus aux barbares,
Font naître les plaisirs à la ville, à la cour ;
Vous, aidez les amans, & vous, servez l'amour.
Venez coiffeurs, chanteurs, aux belles si commodes,
Et vous, grands musiciens & marchandes de modes,
Peintres, danseurs, acteurs en tout genre fameux,
Venez, accourez tous, une femme le veut.

A mesure qu'elle nomme les acteurs, ils paroissent de chaque côté du théâtre en forme de mannequins immobiles.

SCENE IV.

LA FÉE & VALERE.

LA FÉE

AH ! vous voilà, Valere !

VALERE.

Ah ! madame, par quel bonheur suis-je enfin admis auprès de vous, il y a si long-tems que je le desire !

LA FÉE.

Ecoutez-moi, Valere ; quoique vous ne m'ayez peut-être jamais vue, vous ne m'êtes pas inconnu, & depuis long-tems je prends à vous le plus grand intérêt : lorsque le grand Merlin, mon ami &

votre bienfaiteur vous adopta, je me chargeai à peu près dans le même tems de l'éducation d'Elvire ma nièce; je l'aime, je veux son bonheur, & elle est destinée à celui qui sera digne d'elle; à votre naissance, vous fûtes doué des qualités les plus heureuses, je le sais. Mais dans le dessein de vivre & d'élever Elvire dans la retraite, j'ai obtenu que vous n'approchassiez point d'elle, que surtout vous ne lui parlassiez jamais que lorsque je le permettrois; on me promit de vous en faire une défense sous peine de ne la revoir jamais si vous y manquiez: je sais que cependant, profitant du voisinage, vous avez vu ma nièce; & vous avez été instruit de la loi qui vous étoit imposée, vous vous y êtes soumis, & vous avez su voir Elvire sans en être apperçu, vous lui êtes resté inconnu, malgré la facilité que vous aviez de venir dans ces cantons, ce qui me fait bien augurer de vos sentimens. Je crois pouvoir conclure que vous aimez Elvire, puisque vous avez su observer la défense qui vous a été faite: vous pourriez être malheureux, & je veux que vous soyez instruit de ce que vous pouvez attendre d'elle, mon intention est de vous permettre de la voir, de lui parler, vous lui direz même vos sentimens pour elle, je jugerai de l'impreſſion que vous ferez : je connois votre cœur & votre caractère, ils me donnent la confiance de vous faire connoître à Elvire, & je ne crains pas d'éprouver ſon cœur.

VALERE.

Ah! madame, que je ſerois heureux ! Depuis le premier moment où je pus la voir, j'ai conçu pour elle la paſſion la plus vive; ſa beauté, ſon caractère, tout en elle eſt adorable.

LA FÉE.

Comment ! vous avez pu la connoître aſſez ?....

VALERE.

Après l'avoir vue une fois, ai-je pu ne pas deſirer de la voir encore? Je n'ai ceſſé d'en chercher les occaſions; malheureux par la défenſe rigoureuſe qui m'avoit été faite, j'ai erré ſouvent autour de votre château & dans ces bois ; combien de fois j'ai ſuivi ſes pas ſans être vu ! combien de fois je l'ai admirée !

LA FÉE.

Il paroît que les obſtacles n'y ont pas nui, vous avez ſu les vaincre.

VALERE.

Une fois, c'étoit au déclin du jour qu'elle

alloit viſiter une chaumière dans le hameau du voiſinage, je pus la voir & l'entendre; tout ce qu'elle dit, tout ce qu'elle fit étoit plein de graces & de bonté; il ne ſe trouva dans la chaumière qu'une mère âgée & infirme, elle lui dit les choſes les plus conſolantes, elle lui offrit, elle lui donna ſes ſecours avec une douceur touchante, elle porta la joie dans le cœur de la pauvre femme, que j'eus de la peine à reſter caché, & à ne pas tomber à ſes pieds pour l'adorer; peu de jours après, je la vis encore de loin; elle ſuivoit un jeune berger qui ramenoit ſon troupeau en pleurant & en ſe déſolant: je pus approcher caché par une haie; quand elle ſut que la perte d'un mouton étoit la cauſe du chagrin de l'enfant, elle s'éloigna promtement, & elle fit joindre ſans qu'il s'en apperçut deux moutons à ſon troupeau, enſorte qu'arrivé au village, le berger trouva le nombre de ſes moutons augmenté; je la vis jouir du plaiſir de cet enfant ſans ſe montrer, ſans laiſſer deviner d'où venoit le bienfait. Ah! madame, heureux le mortel qui méritera ſon cœur!

LA FÉE.

Elvire ſeroit certainement recherchée à la Cour, à la ville, par les partis les plus brillans, elle peut y prétendre par sa naissance & par sa fortune.

VALERE.

Et de plus, elle est nièce d'une fée qui l'aime.

LA FÉE.

Ma puissance est très-bornée, tout mon art se réduit à détruire certains obstacles, à diriger quelques évènemens, ce que les femmes peuvent très-bien opérer sans baguette; celle que je tiens de mes ancêtres ne me donne que le pouvoir de faire quelques-unes de ces choses extraordinaires comme celle que je vous expliquerai bientôt; mon dessein est de conduire Elvire à la ville, afin de lui faire connoître le monde où elle doit vivre, elle se fait de la peine de quitter ces demeures champêtres, elle n'a pas la curiosité qui seroit naturelle à son âge pour les plaisirs de la ville, je ne sais ce qui lui a donné de la répugnance à m'y accompagner, elle m'a demandé de lui montrer ici les différens objets & les personnes qu'elle y verroit, j'ai consenti à lui en donner une idée; c'est pour cela que j'ai rassemblé toutes ces figures que vous voyez, ma baguette donnera à Elvire le pouvoir de leur faire faire dans leur genre tout ce qu'elle exigera ; je ſouhaite, Valere, que vous vous mettiez au nombre de ces perſonnages, que vous paroiſſiez comme une de ces figures, & que vous lui obéiſſiez ; l'impreſſion que vous ferez ſur Elvire décidera de ce que vous aurez à eſpérer.

VALERE.

Quoi ! madame, je ſerai immobile ? je n'oſerai parler ?... mais je me ſoumettrai à tout pour avoir le bonheur de voir Elvire, pour approcher d'elle ! Ah ! madame, je ſens toute votre bonté : déjà l'émotion s'empare de mon ame ; ſerai-je aſſez heureux pour lui plaire ? Que le génie mon bienfaiteur vous devra de reconnoiſſance ! qu'il doit vous aimer !

LA FÉE.

Meſſieurs les Génies n'aiment jamais que leur gloire, c'eſt le cœur d'Elvire que je veux éprouver ; ſimple & naïf, il n'aime encore que moi, mais ſon ame eſt trop ſenſible pour n'être pas ſuſceptible de tendreſſe ; ainſi, Valere, tâchez de plaire, & votre bonheur ſera peut-être décidé. J'attends Elvire, joignez-vous à ces figures, & penſez à votre rôle. *(Il ſe mêle parmi les mannequins*). Voilà bien tous les objets qu'il faut offrir à sa curiosité.

SCENE V.

LA FÉE, ELVIRE, VALERE, & toutes les Figures.

LA FÉE.

VENEZ, Elvire, vous voyez comme je me rends à votre volonté & à vos fantaisies, j'employe mon art pour les satisfaire; voilà tous les personnages que vous avez souhaité de connoître, ils doivent contribuer à vos plaisirs, & votre esprit saura les juger & en sentir le prix; je vous remets ma baguette pour ce moment; en les touchant, vous leur ferez faire tout ce que vous exigerez, vous les renverrez, vous les ferez disparoître à votre volonté.

ELVIRE.

Ah! ma tante, que vous êtes bonne, eh que ne vous dois-je pas! Quoi! je ferai la maîtresse de leur faire faire tout ce que je voudrai?

LA FÉE.

Ils vous obéiront parfaitement; je vous

laisse, chère Elvire, pensez à bien remplir votre objet.

SCENE VI.

ELVIRE *seule (avec les mannequins.)*

AH! comme je vais m'amuser!...... Cependant je suis un peu effrayée de me trouver seule avec tous ces personnages; mais la baguette de ma tante me rassure; voyons, examinons-les un peu. *(elle les regarde les uns après les autres.)* Oh les plaisantes figures! le monde est donc une mascarade! *(quand elle est devant Valere, elle est surprise, elle s'arrète, le regarde un moment; elle lui fait une grande révérence, & elle revient en courant sur le bord du théâtre, elle dit)* Oh Ciel! c'est lui! je le reconnois: comme il est plus animé que les autres! comme il me regarde! J'ai rencontré ses yeux, & je ne sais quelle émotion.... sa figure a quelque chose..... seroit-ce donc aussi un fantôme? *(elle le regarde encore)* Sa physionomie est douce, je ne l'avois vu que de loin; comment est-il venu là?... je veux le voir encore. *(elle veut retourner auprès de Valere, elle hésite, elle revient*). D'où vient que le cœur me bat? je n'ose aller auprès de lui; voyons les autres.

(*Le premier mannequin est un perruquier qui a sur la tête plusieurs peignes, des boucles de cheveux, un chignon à une main, un grand sac à poudre dans l'autre: Elvire s'approche de lui, elle le touche de sa baguette, & lui dit:*)

Monsieur, quel est votre emploi dans le monde, je vous prie?

LE PERRUQUIER.

Madame, je suis un coiffeur de la Cour, je coiffe dans tous les goûts, j'invente les modes, je fais sortir les traits, je cache les défauts, j'embellis les physionomies, je perfectionne les têtes.

ELVIRE.

C'est fort bien, mais ces boucles, cette chevelure, à quoi sert tout cela?

LE PERRUQUIER.

C'est pour garnir votre chignon, madame, qui manque de cheveux; vous êtes coiffée à l'ancienne mode, je vous ferai une coiffure bien plus élégante, il n'y aura pas un de vos cheveux qui ne fasse de l'effet; j'ai le plus grand talent pour tirer parti d'une tête.

ELVIRE.

Je vous remercie ; mais ce sac prodigieux?

LE PERRUQUIER.

Madame, c'est de la poudre grise, rose, brune, rousse, noire; je fais à volonté une brune, une blonde, & je poudre en frimats : si madame veut, au bout de trois heures....

ELVIRE.

Non, Monsieur, votre talent m'est inutile, mes cheveux s'arrangent naturellement, & je ne veux pas être poudrée en frimats ; que je ne vous revoie pas ; moi! trois heures pour me coiffer (*elle le touche de sa baguette, & il disparoît : elle vient aux deux marchandes de modes, qui sont chargées de bonnets, de bouffantes, de plumes; elle les touche, & elle dit :*) Voyons ces Dames, elles seront sans doute plus agréables, il me semble qu'elles ont de jolies choses.

(*Les deux marchandes de modes parlent presqu'en même-temps & fort vîte*).

Première Marchande de modes.

Oui, madame, des manteaux, des considérations, des bouffantes : madame a une taille de nymphe; avec cette bouffante, cette considération & ce matelas, elle aura l'air d'une reine.

Seconde Marchande de modes.

Des coiffures, des chapeaux, des turbans, des bonnets, des plumes, des poufs dans tous les goûts. Madame eſt bien mal parée, mais elle n'aura pas mis ce petit chapeau, avec ces plumes, & ce pouf & ces fleurs & ces rubans qu'elle ſera belle comme un ange.

E L V I R E.

Comment, il faut que je m'ajuſte de tout cela.

Première Marchande.

Sans doute; madame eſt très-mal miſe, elle n'oſeroit paroître à la ville, aux promenades, aux ſpectacles, ſans ces gazes, ſans ces mouchoirs, ſans cette ceinture ou ce corſet, ſans ce...

Seconde Marchande.

Et ſans ce chapeau, ce turban, ce bonnet, ces plumes, madame auroit l'air d'une étrangère.

E L V I R E.

Oh, mesdames, vous m'effrayez: comment, je renoncerois à ma ſimplicité, à mon habillement ſimple & commode, pour m'écouffer fous cet attirail? Adieu, mesdemoifelles, attendez que j'aille vous chercher à la ville (*elle les touche de fa baguette, elles difparoiffent : elle va négligemment du côté de Valere, elle s'arrête*); je ne puis l'approcher fans émotion. Je crains encore de rencontrer fes regards.... avec la baguette de ma tante qu'ai-je à craindre, cependant?.. fi j'allois le toucher, il difparoîtroit peut-être... Voyons celui-ci... (*c'eft un Joaillier qui a un très-grand écrain fous fon bras, elle le touche*) & vous, Monfieur, qui êtes-vous?

LE JOAILLIER.

Madame, je fuis un joaillier de la cour, j'arrange tous les bijoux, je fais monter les diamans des princeffes; j'en fournis pour les préfentations : voilà ceux qui ont fervi à la dernière.

ELVIRE.

Ah que cela eft beau! que cela eft brillant! & comment porte-t-on cela?

LE JOAILLIER.

Voilà une aigrette du dernier goût, elle fe met dans les cheveux, fur le côté.

ELVIRE *la prend & la met fur fa tête; elle prend enfuite un ruban de diamant.*

Et cela?

LE JOAILLIER.

C'eſt un ruban de coiffure qui ſe met autour des cheveux. *(Elvire l'ajuſte de même ſur ſa tête).*

LE JOAILLIER *continue.*

Voilà des fleurs de diamans qui s'arrangent dans les cheveux.

ELVIRE *en met quelques-unes dans ſes cheveux.*

Oh que cela eſt brillant ! On doit éblouir !

LE JOAILLIER.

Voilà le bouquet qui ſe met ſur le côté.

ELVIRE *l'ajuſte de même.*

Tout cela eſt un peu peſant *(elle s'admire, elle regarde Valere).* Voyons s'il oſera me regarder encore *(elle va de ſon côté).*

VALERE *(à demi-voix)*

Adorable Elvire, vos charmes n'ont pas beſoin de ces ornemens !

ELVIRE *(revient avec précipitation).*

Oh Ciel ! Il a parlé ſans ma permiſſion... je ne voulois point qu'il me dît cela. (*elle retourne vers le joaillier, elle dit avec un ton d'humeur*) Monſieur, tout cela eſt d'un poids inſupportable, reprenez vos pierreries, & laiſſez-moi. (*elle rend tous les bijoux, elle le touche de ſa baguette, & il diſparoît*) Comme j'ai été émue lorſqu'il a parlé ! d'où vient ce trouble qu'il me fait éprouver ? auroit-il quelque charme plus fort que celui de la baguette ? Je crains d'en faire l'épreuve, je ne veux rien ſavoir encore ; voilà d'autres objets de curioſité, ſachons qui eſt cet homme, il a bonne façon, ſon air me plaît, (*elle le touche*) Monſieur, qui êtes-vous ? que faites-vous ?

ALBANESE, (*ou un Chanteur italien.*)

Madame, ze ſoui oune mouſicien dou Roi, & ze ſante.

ELVIRE.

Oh ! ceci me fera plaiſir ; eh bien ! chantez, Monſieur, chantez, je vous prie, quelque choſe qui me diſtraiſe, qui me faſſe plaiſir, & qui me donne une idée de votre talent.

ALBANESE.

De l'Italien ? dou François ?

ELVIRE.

Tout ce qu'il vous plaira, pourvu que je l'entende ; (*Albaneſe prélude*) mais votre voix eſt bien douce, il me ſemble que les hommes ont la voix plus forte, au moins à la campagne ; (*Albaneſe prélude encore*) cette voix eſt bien extraordinaire, elle ne me plaît point ; Monſieur, chantez ſeulement plus naturellement.

ALBANESE.

Madame, ma voix il eſt faite pour on

deſſus, (*on entend un accompagnement de guitares, ou de piano forte ; il chante un air italien*) numero 3. *avec roulement, l'air doit être court.*

ELVIRE.

Cela eſt charmant, mais cette voix.... vous chantez, Monſieur, avec tout le goût poſſible ; j'avoue cependant que vos roulemens ſur un mot, vos a a a, ne m'inſpirent rien ; cela n'eſt pas aſſez gai pour moi.

ALBANESE.

Madame, la mouſique eſt fata per exprimer les paſſions.

ELVIRE.

Je n'ai point de paſſion, moi, je n'ai que de la gaîté ; ne pourriez-vous pas chanter quelque choſe de plus gai, & que j'entende mieux. (*Albaneſe chante l'air* n°. 4.)

ELVIRE.

Les paroles me plaiſent, & l'air eſt joli, je voudrois une romance dont l'air fut champêtre ſans être triſte. (*Albaneſe chante l'air* numero 5.) Je ne puis m'accoutumer à votre voix de femme, & j'aime mieux entendre chanter les payſans du hameau. Eſt-ce qu'à la ville tous les hommes

hommes chantent ainsi? Je voudrois retenir vos airs, ils sont charmans; mais je ne puis pas vous écouter plus long-temps. (*elle le touche, & il disparoît*). Jusques à présent, je ne vois pas encore quels sont les grands plaisirs que l'on trouve dans le monde! que je regretterois notre demeure champêtre! Le bord de ce ruisseau où.... (*elle regarde Valere*) je ne puis pas dire qu'il me déplaise, cependant je le crains; n'aurois-je donc vu qu'un fantôme? ce seroit dommage; il est peut-être de ces amis qui se font écrire à la porte; pourquoi ne puis-je penser à lui & le regarder sans un trouble qui m'étoit inconnu: je veux savoir ce qu'il est; (*elle fait quelques pas du côté de Valere, d'un air résolu, ensuite elle s'arrête*) l'émotion arrête encore ma curiosité, dans un moment j'aurai peut-être plus de courage; voyons ce musicien, peut-être qu'il me fera plaisir. (*elle va auprès du musicien qui tient un violon, elle le touche.*)

ELVIRE.

Monsieur, vous êtes sûrement un grand musicien!

LE MUSICIEN.

Sono il signor Violino-primo.

ELVIRE.

Est-ce que vous êtes dans le monde où je dois aller ?

LE MUSICIEN.

Per tutto l'orbe sono conosciuto e amirato.

ELVIRE.

Eh bien : M. Violino primo, jouez-moi quelque chose qui me fasse plaisir ! (*on joue un morceau de difficulté.*)

ELVIRE.

Vous êtes sans doute très-habile, Monsieur, vos sons me paroissent agréables ; mais cette musique difficile ne m'inspire ni gaieté, ni tristesse, elle me fait de la peine ; je vous prie, jouez-moi quelque chose de plus gai, qui me donne envie de danser par exemple.

LE MUSICIEN, (*avec un air d'indignation*).

Ah signora ! me per ballare !

ELVIRE.

Oui, Monsieur, pour danser, avec cette baguette je vous ferai faire tout ce que je veux. (*elle touche le musicien, il joue une contredanse* numero 5, *ou une allemande figurée ; Elvire continue*) eh bien oui, voilà qui me donne envie de danser ; mais je ne puis pas danser seule ; si j'étois dans le monde, peut-être trouverois-je quelqu'un, (*elle regarde Valere*) ne pourrois-je pas le faire danser? (*Valere s'avance quelques pas*) mais non, voilà un homme qui a l'air d'être un danseur; (*il est habillé en danseur de l'opéra*) je vois à votre équipage que vous devez être un danseur; je vous prie de danser & de m'apprendre, (*le danseur s'avance, le musicien joue un air de ballet, le danseur fait des entrechats & des sauts extrêmement élevés. Elvire le regarde, & continue*) cet homme a des convulsions, il me fait peur, (*elle le touche*) arrêtez un moment, Monsieur, vous vous ferez du mal, dansez avec moins d'effort, je vous prie, avec plus de douceur; (*le danseur commence une danse de caractère, après un moment Elvire continue*) cela n'est point gai, & ce ne sont pas les graces dont je m'étois fait une idée; cet homme me déplaît comme tout le reste, & je vais bien vîte le faire disparoître. (*elle le touche, & il disparoît*) J'avois envie de danser, mais tout ce que je vois est si opposé à mon goût que je ne me fais plaisir de rien;.... si je dansois avec lui? pourquoi non? Quelle crainte me retient! avec cette baguette je n'ai rien à redouter. (*elle va en hésitant, elle touche Valere, & elle revient en courant au bord du théâtre, Valere la ſuit & ſe trouve à côté d'elle, le muſicien joue un air champêtre & danſant, Elvire & Valere peu-à-peu danſent enſemble, Valere danſe avec expreſſion, l'air & la danſe ſont une eſpèce de tambourin; Valere, après avoir danſé, ſe retire au fond du théâtre.*

ELVIRE *dit au muſicien.*

Vous êtes le ſeul qui m'ayez fait plaiſir, je voudrois vous conſerver ici, mais je n'en ai pas le pouvoir; c'eſt avec regret que je vous renvoye. (*elle le touche, & il diſparoît*) Oh Ciel! me voilà ſeule avec lui, je vais vîte le faire diſparoître. (*elle fait quelques pas, elle s'arrête*). Mais pourquoi ne ſaurois-je pas qui il eſt? il a peut-être quelque talent; oh! je veux ſatisfaire ma curioſité! (*elle s'avance vers Valere, elle héſite à meſure qu'elle en approche, elle le touche avec la baguette, & elle dit avec précipitation*) qui êtes-vous? que faites-vous? que ſavez-vous? (*elle s'éloigne en revenant au bord du théâtre, Valere la ſuit quelques pas, & il chante l'air* numero 6, *avec accompagnement*).

VALERE *chante.*

Ah ! je ne sais qu'aimer, & mon cœur vous adore;
Vos charmes dès long-temps m'enchaînent sur vos pas;
Je n'ai, devant vos yeux, osé paroître encore,
Un destin rigoureux ne le permettoit pas.

ELVIRE.

Quoi ! vous m'avez vue, vous me connoissez ! Ah ! ma tante, vous m'avez trompée?

VALERE.

Oui, belle Elvire, dès long-tems je vous connois, dès long-tems vos charmes, votre esprit, votre caractère ont fait sur mon cœur des impressions qui ne s'effaceront jamais ; mon sort est entre vos mains; vous plaire est le bonheur de ma vie.

ELVIRE.

Comment ! dès long-tems ! par quelle magie ! Quoi ! auriez-vous pu approcher de ces lieux?

VALERE.

Oui, belle Elvire, élevé non loin d'ici par le Génie Merlin, mon bienfaiteur & l'ami de votre tante, j'ai pu vous voir; mais il m'étoit défendu de paroître à vos yeux & de vous parler, sous peine de ne vous revoir jamais ; je n'ai eu garde de manquer à cette défense rigoureuse ; ce n'est que d'aujourd'hui que la fée votre tante a permis que je parusse ici, elle sait mes sentimens pour vous, elle permet que je vous les fasse connoître. Ah! belle Elvire, je crains de savoir mon sort; mais jamais je ne cesserai de vous adorer.

ELVIRE.

J'ai entendu dire, il me semble, que c'étoit dans le monde que l'on adoroit, ici l'on s'aime.

VALERE.

Les lieux que vous habiterez, adorable Elvire, seront pour moi le monde entier.

La toile du fond du théâtre, qui s'étoit baissée à la conjuration de la fée, se relève, & laisse voir trois grouppes de personnages, au milieu une conversation de cinq personnes assises, trois femmes & deux hommes; sur le côté gauche un peu en avant une partie de jeu, trois femmes & un homme, & un autre homme qui regarde jouer; au côté droit quatre personnes, deux femmes & deux hommes qui peuvent être assis; tout reste immobile, jusqu'à ce qu'Elvire les touche successivement, elle s'en approche, & elle dit en les voyant.)

ELVIRE.

Ah! que de monde! qu'eſt-ce que je vois? des hommes? Je ſuis bien aiſe d'en voir d'autres.

VALERE.

Adorable Elvire, ne les comparez point; mon cœur ne connoit que vous, & vous exiſterez toujours ſeule pour lui.

ELVIRE *s'approche de la table de jeu.*

Ils dépendent ſans doute auſſi de ma baguette; c'eſt, je crois, une partie de jeu: ma tante m'a dit que c'étoit un amuſement de ſociété, je ſuis curieuſe de voir comment cela amuſe.

Première Femme.

En vérité, madame, je ne comprends pas votre manière de jouer, au wisk les fautes ſont bien importantes, il faut ſe reſſouvenir de toutes les couleurs.... nous devions faire le trick, & nous perdons deux levées.

Seconde Femme.

Je vous aſſure, madame, que j'ai joué ſuivant la règle du jeu, & ſi vous tiriez la dame de carreau nous faiſions le reſte.

Première Femme.

Je ſuis bien sûre que ce n'eſt pas moi qui ai fait la faute, quand le partner invite....

Les deux autres Femmes enſemble.

Jouons, mesdames, jouons, nous ſommes à neuf.

(*Elles jouent ſans rien dire pendant quelques momens*).

Première Femme.

Nous perdons la partie, c'eſt comme ſi nous l'avions donnée, & ſans cette faute que madame a faite....

Seconde Femme.

En vérité, madame, j'ai joué le jeu, & ſi vous laiſſiez paſſer la dame qui étoit roi...

Troiſième Femme.

C'étoit la même choſe, mesdames, nous faiſions toujours le trick, & c'étoit fort indifférent.

Première Femme.

Comment! madame, indifférent, mais ce n'eſt point indifférent! Il ne s'agit pas moins que de ſavoir ſi j'ai tort ou raiſon, & il me ſemble que cela n'eſt pas ſi indifférent.

Seconde Femme.

Eh bien, j'en fais juge M. le Chevalier.

Première Femme.

Oh non, madame, je ne veux point de M. le Chevalier pour mon juge, je n'empêche pas qu'il ne vous donne raiſon.... quand je n'y ſuis pas.

Seconde Femme.

Je ne ſais pas, madame, ce que vous voulez dire ?

Troiſième Femme.

Allons, mesdames, jouons, nous perdons du temps.

(*L'homme qui regarde jouer, ſe tournant du côté d'Elvire*).

Ces Dames ſont un peu vives, on n'auroit pas dû les faire jouer enſemble ; on diroit qu'elles ſont mauvaiſes joueuſes.

ELVIRE.

Comment, Monſieur ? ces Dames ne s'aiment-elles pas ? elles jouent enſemble, ne ſont-elles pas bonnes amies ?

L'HOMME.

Pas abſolument, madame, vous ſavez que le jeu réunit tout le monde ſans qu'il y ait beaucoup d'amitié, & ſouvent il donne beaucoup d'humeur.

Première Femme.

Si vous cauſez toujours, Monſieur, je ne ſuis plus au jeu, je vous en avertis.

ELVIRE.

Voilà un ſingulier amuſement de ſociété, il m'attriſteroit ſi je le regardois plus long-temps : (*elle les laiſſe immobiles, ou ils diſparoiſſent dans la couliſſe, Elvire s'approche de la converſation*). Ceci doit être plus intéreſſant, ils paroiſſent contens d'être enſemble, ils ne leur manque que la parole (*elle les touche*).

LA CONVERSATION.

Mad. DE LA COUR, Mad. PINCÉ, Mad. LE ROUX, un CHEVALIER à côté de Mad. De la Cour, un air panché ; LE MARQUIS à côté de Mad. Pincé.

Mad. DE LA COUR, *ſur un canapé.*

Marquis, il y a long-temps que je ne vous ai vu chez moi ; vous avez fait des vers, vous m'en deviez la lecture.

LE MARQUIS.

J'ai craint de vous ennuyer de l'ouvrage & de l'auteur.

Mad. LE ROUX.

C'eſt peut-être vous, Monſieur, qui avez fait ces vers ſur madame Duchau, ils étoient un peu gais, mais ils ſont bien plaiſans.... Si je m'en ſouvenois...

Mad. PINCÉ.

J'eſpère, madame, que s'ils ſont gais, vous ne les direz pas.

Mad. DE LA COUR.

Chevalier, voyez mon gant à terre, & mon éventail, relevez donc tout cela.

LE CHEVALIER.

C'eſt une occaſion d'être à vos pieds, madame, & je ne la manquerai pas, je voudrois y paſſer ma vie. (*Il relève le gant & l'éventail*).

Mad. PINCÉ, *à part.*

Faire mettre un homme à ſes pieds, c'eſt un peu fort, en vérité, on n'y tient pas.

Mad. LE ROUX.

Savez-vous, mesdames, la plaiſante aventure de madame la préſidente ; ſon mari la ſurprit l'autre jour dans un moment où elle ne l'attendoit pas ; il s'emporta, elle ſe fàcha, elle demande une ſéparation, parce qu'elle prétend qu'il eſt mal-honnête de ſurprendre ſa femme. On lui a aſſuré que c'étoit la première fois que M. le Préſident avoit été ſurprenant, & qu'il n'y avoit qu'elle qui eût été ſurpriſe : il y a des détails, une hiſtoire ſcandaleuſe.

Mad. DE LA COUR.

Eh bien, c'eſt une femme perdue : Chevalier, vous avez là un habit charmant, il eſt du jour !

LE CHEVALIER.

C'eſt un frac anglois ſuivant un modèle venu de Londres, la couleur eſt vrai merde d'oie.

Mad. LE ROUX.

Mon amie, madame Gaincour, avoit l'autre jour une robe charmante qui étoit preſque de cette couleur, je la vis lorſqu'elle ſortoit de ſa petite loge : ah ! comme elle étoit chiffonnée: ah, ah, ah, je ſavois bien pourquoi.

Mad. DE LA COUR.

Marquis, vous diſiez des nouvelles ; eh bien, Meſmer ne fait plus de miracles, les Anglois vont être en commerce avec nous, il n'y aura plus de guerre ; à propos, on dit qu'il n'y aura point de voyage à Fontainebleau cette année ; le clergé s'eſt aſſemblé. Chevalier, vous avez là un gilet charmant.

LE CHEVALIER.

C'eſt une broderie du dernier goût.

Mad. LE ROUX *en ſe penchant vers le Chevalier.*

Je connois la femme qui l'a faite, mais ne craignez rien, je ſuis diſcrète, je n'en parlerai pas.

Mad. PINCÉ.

En vérité, je ne comprends pas comment on peut s'afficher en travaillant pour des hommes : faire des veſtes, des gilets, cela eſt bien indécent.

Mad. DE LA COUR.

Eh bien, marquis, ces vers, ne vous faites donc pas preſſer, ou nous allons croire que vous êtes un grand auteur.

LE MARQUIS.

Mon Dieu ! madame, point du tout, ce ſont quelques vers que je fis l'autre jour en impromptu : j'étois chez le peintre Boucher, il peignoit un amour, il y avoit des femmes, voici les vers que je fis.

Partout on peint l'amour comme un enfant
Chargé d'un arc, armé d'un trait perçant
Et d'un flambeau, dont la flamme brûlante
anime tout & rend notre ame ardente :
Au dos on voit pour tout ajuſtement
Ce qui lui ſert à fuir comme le vent.
Ainſi l'on ſait qu'il eſt peint dans la fable.
Qui vous connoît, belle Iris, trop aimable,
Sait bien, hélas ! qu'auprès de vos beaux yeux,
Ce dernier trait eſt le ſeul fabuleux.

LE CHEVALIER.

Le marquis eſt charmant, il a de l'eſprit comme un ange, quelle chûte heureuſe que ce fabuleux ! c'eſt une idée vraiment conſéquente.

Mad. DE LA COUR.

Mais c'eſt aſſez bien, je n'aime pas *ce trop aimable*, cependant; eſt-on jamais trop aimable? Je veux ſavoir qui eſt cette Iris, marquis.

LE MARQUIS.

Vous ſavez, madame, que les poëtes ont l'objet de leurs vers bien plus dans la tête que dans le cœur.

Mad. PINCÉ.

J'avoue que je ſerois bien choquée que l'on fit pour moi des vers où l'amour fut peint avec un arc & un trait perçant, cette idée eſt peu délicate.

Mad. LE ROUX.

C'eſt comme ceux que j'ai vus ſur madame Duchau, dont je vous parlois tout à l'heure, il y avoit auſſi de l'amour, des traits; je ne m'en ſouviens pas bien; ils finiſſoient en diſant, elle eſt belle & bonne, mais c'eſt pour tout le monde.

Mad. PINCÉ.

Ah! fi, quelle horreur! pour tout le monde.

Mad. LE ROUX.

C'eſt à propos d'une hiſtoire que je vais vous conter.

ELVIRE.

Je ne veux point la ſavoir, & je vous prie d'aller la conter ailleurs (*elle les touche, & ils diſparoiſſent, ou ils reſtent immobiles*). Aurai-je encore la patience d'écouter ceux-ci ? (*elle s'approche du troiſième groupe*) voyons, cependant, ils ont l'air heureux.

SECONDE CONVERSATION.

Deux Femmes & deux Hommes. CÉPHISE, JULIE, LE BARON, LE COMTE.

JULIE.

Ah! ma chère Céphiſe, je te félicite de ton mariage, tu épouſes M. le Comte, tu ſeras bien heureuſe; tu auras une maiſon, un équipage.

CÉPHISE.

Et une petite loge aux françois & aux italiens.

JULIE.

Une petite loge, cela eſt charmant; & les diamans ?

CÉPHISE.

Je ne les ai pas encore : on dit qu'ils ſeront très-beaux. M. le Comte, nous n'aurons qu'un caroſſe, je ne pourrai pas toujours en diſpoſer.

LE COMTE.

Nous nous entendrons, Mademoiselle, nous ne nous gênerons absolument point.

LE BARON.

Voilà ce que c'est, liberté de part & d'autre, chacun de son côté, c'est ce qui fait les bons ménages ; votre union sera délicieuse, mais vos parens ?

CÉPHISE.

Ce sont de bonnes gens, il faudra leur rendre quelques soins, de tems en tems quelques devoirs ; ils vont de bonne heure dans leurs terres.

LE BARON.

Les nôces seront brillantes ?

LE COMTE.

Fort ennuyeuses ; tu comprends, Baron, des cérémonies, des repas avec les parens... mais je te retiens pour le premier petit souper que nous ferons, je te promets des femmes charmantes, & des hommes bien gais.

CÉPHISE.

A propos, ma chère amie, après le train des nôces, nous irons ensemble à l'opéra, & vous verrez mes diamans.

JULIE.

Ma mère ne veut pas que j'aille au spectacle sans elle, (*en soupirant*) je ne sais quand je serai libre.

CÉPHISE

CÉPHISE.

Pauvre petite, c'eſt affreux qu'il faille attendre; mais je ne vous ai pas tout dit, il y a douze mille francs de douaire.

JULIE.

Comment! douze mille francs de douaire?

CÉPHISE.

Oui, d'aſſuré par le contrat en cas de veuvage.

JULIE.

Cela eſt ſuperbe, ah! que l'on eſt heureux de faire un mariage d'inclination! (*elles parlent entr'elles.*)

LE COMTE.

A propos, Baron, y a-t-il long-tems que tu n'as vu le Vicomte, eſt-il enterré?

LE BARON.

Il y a quelques jours que je ne l'ai apperçu, il a pris la petite Duparc, il a eu des affaires avec la le Doux, cela l'a occupé.

LE COMTE.

Mais j'ai vu ces Demoiſelles tous les jours, elles ne m'en ont pas parlé.

LE BARON.

Il y a eu des hiſtoires, je vais te conter cela.

ELVIRE *en s'éloignant.*

Je ne puis écouter plus long-tems; c'eſt

donc là ce qu'on appelle un mariage d'inclination.

VALERE.

Ah! belle Elvire! vous jugez mieux du ſentiment, connoiſſez ſur-tout ceux que vous inſpirez.

ELVIRE.

Je ſuis bien peu diſpoſée à ſuivre ma tante à la ville; juſques à préſent je ne vois rien d'attrayant, je crains toujours ce monde dont on parle avec tant d'éloge, je crois que je n'y ſerois point heureuſe; mais voilà un nouveau ſpectacle.

Les grouppes ont diſparu en ſe retirant dans les couliſſes. On voit paroître dans le fond la repréſentation d'un théatre; on entend une muſique d'orcheſtre, on voit repréſenter la ſcene de Jeannot dans les battus paient l'amende: c'en eſt.

ELVIRE.

Qu'eſt-ce que c'eſt que ce ſpectacle?

VALERE.

C'eſt une comédie qui a eu un très-grand ſuccès, on ne s'eſt point laſſé de la voir jouer; elle a attiré la ville & la cour.

On voit enſuite une ſcene du mariage de Figaro; le Comte pourſuit Suſanne. Scène VIII, Acte premier.

ELVIRE.

Et cela, qu'eſt-ce que c'eſt ?

VALERE.

C'eſt un Grand d'Eſpagne qui eſt amoureux de la femme de chambre de ſa femme.

Enſuite on voit repréſenter la ſcene où la Comteſſe fait déshabiller Chérubin pour l'habiller en femme.

ELVIRE.

Ceci n'eſt pas une comedie ?

VALERE.

C'eſt aujourd'hui la meilleure pièce de théâtre que nous ayons, aucune comédie n'a eu encore autant de ſuccès ; il paroît que c'eſt celle où il regne le plus de goût, le plus d'eſprit, le plus de décence ; & ſur aucun théâtre, rien n'a été ſi ſuivi, ſi applaudi & joué auſſi ſouvent.

ELVIRE.

J'eſpérois d'y voir les comédies de Molière, les tragédies de Voltaire, de Racine.

VALERE.

On les joue quelquefois, & on les admire toujours ; votre baguette vous fera voir les repréſentations de celles que vous voudrez.

ELVIRE.

Ah ! je veux avoir ce plaiſir !

(*Elle va toucher le fond du théâtre; on voit en tableau magique le dénouement de Zayre, arrangé en pantomime. Orosmane poignarde Zayre, déseſpoir de Néreſtan, Orosmane ſe tue.*

ELVIRE.

Ah Zayre! quel ſort cruel! C'eſt donc auſſi un malheur d'être aimée!

VALERE.

Il eſt vrai que les femmes ſont quelquefois la victime des paſſions qu'elles font naitre; mais, belle Elvire, vous n'inſpirerez jamais que celle de vous voir heureuſe, & que l'envie de vous plaire.

(*L'on voit encore en tableau magique la fin de l'opéra de Didon avec la muſique, Didon ſe jette dans le bucher.*)

ELVIRE.

Les femmes ſont donc toujours ſacrifiées?

VALERE.

Bien plus ſouvent elles peuvent être heureuſes, en partageant les ſentimens qu'elles inſpirent. On a voulu, belle Elvire, vous donner une idée de tous les ſpectacles. La muſique de cet opéra eſt délicieuſe.

ELVIRE.

Je les trouve charmans ces ſpectacles; avec

le pouvoir de ma tante je n'ai pas besoin d'aller à la ville pour les voir, je les regretterois sans cela.... Mais qu'est-ce que je vois, & quelles singulières figures? j'en suis effrayée ?

(*Il entre une foule de masques, les tableaux magiques en disparoissant ont laissé le théâtre disposé en salle de bal, la musique joue des contredanses.*

VALERE.

C'est un bal masqué de l'opéra; c'est un des plus grands plaisirs du carnaval.

(*Les masques se préparent à danser, ils se jettent contre Elvire, ils la heurtent & la pressent, au bout d'un moment elle s'écrie en faisant un mouvement de la baguette*).

ELVIRE.

Oh Ciel! je suffoque, que tout cela disparoisse !

(*Elle reste immobile comme en extase, Valere se jette à ses pieds, elle dit comme en se réveillant*) où suis-je !

VALERE.

Tout a disparu, il ne reste que votre amant, qui vous adorera toute sa vie. Ah! belle Elvire, j'attends mon sort de vos sentimens.

SCENE dernière.

LA FÉE, ELVIRE, VALERE.

LA FÉE.

Eh bien! ma nièce, j'ai satisfait votre curiosité! Le monde & la ville sont-ils toujours sans attraits pour vous?

ELVIRE.

Je reviens à peine de mon étonnement; il est vrai que dans ce que j'ai vu, dans les objets qui se sont succédés rapidement, rien n'a touché mon ame, ni satisfait ma curiosité. Ma tante, je suis heureuse avec vous dans nos demeures champêtres; mais je suis soumise à vos volontés.

LA FÉE.

Comment Valere est-il ici? vous l'avez retenu, Elvire?

ELVIRE.

Il dit que c'est par votre ordre qu'il est ici, qu'il me connoit depuis long-tems, que c'est vous qui avez permis qu'il....

VALERE.

Il est vrai, madame, j'ai osé dire mes sentimens à Elvire, elle sait que ma vie que mon bonheur dépend d'elle ; mais ſon cœur peu favorable encore.....

LA FÉE.

Eh bien ! ma nièce, que dois-je faire ? c'eſt à vous de décider ſi je dois ſuivre mon premier projet ; ſi vous voulez, nous ne verrons plus Valere, & nous irons chercher d'autres objets plus dignes de vous plaire.

ELVIRE.

D'autres objets, ma tante ! je n'ai aucune raiſon de fuir perſonne ; ce n'eſt que d'aujourd'hui que je connois....

LA FÉE.

Il eſt vrai, juſques à préſent j'ai cherché à éloigner tout ce qui pouvoit troubler notre tranquillité, j'ai cru être plus maîtreſſe de votre éducation & de vos ſentimens ; mais je n'ai pas compté que votre cœur ſeroit inſenſible, & je n'ai pas pu arrêter le pouvoir de vos charmes ; c'eſt à vous d'en juger aujourd'hui.

ELVIRE.

Mais, ma tante, aujourd'hui ! qu'eſt-ce qu'un jour peut apprendre ?

LA FÉE.

Aujourd'hui, Elvire, votre cœur doit être moins ſujet à ſe tromper : en connoiſſant les ſentimens que Valere a pour vous depuis long-tems, en voyant ce qu'il eſt, il n'en faut pas davantage pour vous décider.

ELVIRE.

Quoi! ma tante, ſi vite! ſi promtement! Ce n'eſt que depuis quelques momens que je ſais....

LA FÉE.

Mon enfant, ce ſont toujours les premiers momens qui décident, ce ſont les premières impreſſions qui ſont les plus fortes; c'eſt en vain même que l'on cherche à les combattre: je ne veux que votre bonheur, Elvire, & ſi je penſe à un mariage, c'eſt parce qu'il convient à votre âge & à votre cœur.

ELVIRE.

Ah! ma tante, vous me jetez dans un trouble, dans un embarras... ayez pitié de moi?

LA FÉE.

Valère vous aime depuis long-tems, je le ſais, il vous l'a caché dans la crainte de vous déplaire & de vous perdre; il en étoit ordonné ainſi; c'eſt une preuve des ſentimens qu'il a pour vous, vous n'avez plus que votre cœur à conſulter.

VALERE.

Ah! madame, je vous devrai la vie.... adorable Elvire, que votre cœur.....

LA FÉE.

Elvire, j'attends de votre ame ſimple & ingénue que vous vous expliquiez ſans détour; c'eſt avec la candeur de votre caractère que vous devez faire connoître vos ſentimens.

ELVIRE.

Ah! ma tante, je ne ſais que remettre mon ſort entre vos mains.

LA FÉE.

C'eſt-à-dire que vous conſentez....

VALERE *ſe jette aux pieds d'Elvire.*

Adorable Elvire! j'attends de vous la vie, elle ſera conſacrée à vous aimer & à vous plaire.

ELVIRE, *en donnant la main à Valère.*

Ma tante, c'eſt vous qui me répondrez de.... Mais ne quittons point cette demeure; votre château, ces campagnes que je chéris, avec vous je ſuis sûre d'y être heureuſe.

LA FÉE.

J'y conſens, je n'y mets qu'une ſeule condition, c'eſt qu'au premier moment d'ennui, je vous tranſporte à la ville, ce ſera le dernier uſage que je ferai de ma baguette.

ELVIRE.

Il faudroit peut-être toujours le pouvoir d'une baguette pour aſſurer le bonheur dans le mariage ; mais je n'en ai pas beſoin, & je vous la rends.

LA FÉE.

Vous avez raiſon, elle vous ſeroit inutile; comptez ſur le cœur de Valère, & ſoyez sûre du vôtre ; il ne faut point d'autre magie.

FIN.

Paroles de l'air N°. 4.

Charmans objets que l'esprit a fait naître
Pour nos plaisirs hâtez-vous de paroître.
Sans les beaux arts l'amour est languissant,
Pour le fixer, il faut plus d'un talent;
L'art & le goût font briller la nature,
Il faut n'en voir jamais que la peinture.
On peut chanter les hameaux, les bergers,
Mais le plaisir languit dans leurs vergers.

Paroles de l'air N°. 5, romance.

1.

Hilas aimoit une bergère
Que l'amour fit un peu légère;
Et de regret, dans le hameau,
Hilas descendoit au tombeau.
Il quitte son champêtre azyle;
Il voit cent beautés à la ville,
Bientôt il fut moins désolé.
Nouveaux objets l'ont consolé.

2.

Mille plaisirs le séduisirent,
Avec son âge ils s'entendirent,
Son cœur distrait pour un moment,

Crut se guérir de son tourment:
Il veut aimer, mais sans folie,
Trop s'attacher n'est que manie,
Sans trop d'amour il fut amant,
Et ne veut plus de long roman.

3.

C'est une erreur que la tendresse,
Disoit Hilas dans son ivresse,
Il le disoit en soupirant;
Et chaque jours faisoit serment,
De n'aimer plus sans espérance:
Cherchons dit-il la jouissance
Que le cœur goute en se vengeant:
Plaisir vaut mieux que sentiment.

4.

Toujours plaisir, devient fatique,
Le cœur se plaint de trop d'intrigue,
Vers sa bergère Hilas souvent,
Tourne les yeux, en gémissant:
Hélas! dit-il, je la regrette,
Celle qui fut un peu coquette;
Depuis que j'ai brisé ses nœuds,
J'ai du plaisir sans être heureux.

5.

Quelquefois un tendre martire
Plaît mieux au cœur que le délire,
Des vains plaisirs d'un inconstant.
Vaut mieux, aimer même en souffrant
Hilas retourne à sa bergère,
Offrir encore un cœur sincère :
Il la trouva près de mourir,
De chagrin & de repentir.

6.

Je meurs, dit-elle, abandonnée,
J'étois suivie, & point aimée ;
Tu m'as quittée & c'est ton cœur
Qui seul eut fait tout mon bonheur ;
Mille regrets, font mon martire,
Mais en t'aimant au moins j'expire.
Hilas s'accuse & son tourment
Finit ses jours cruellement.

7.

Dans une tombe ils sont ensemble,
C'est le trépas qui les rassemble,

L'amour legèr livra leur cœur
Trop au plaiſir, point au bonheur;
Ce fut toujours en ſa colère,
Qu'amour nous fit l'ame légère ;
Jamais plaiſir qu'on va cherchant
N'a conſolé du ſentiment.

NB. *Les exemplaires qui auront la muſique, ſe vendront* 1 *liv.* 10 *ſ. de plus. Les 7 airs ſéparés forment un cayer, qui ſe vend au même prix de 30 ſ.*

LE
MEDECIN
DE LA
MONTAGNE.
PROVERBE.

ACTEURS.

Le Docteur, *Médecin de la Montagne.*

MINA, *sa servante.*

GASPARD, secrétaire.

Une Veuve	Malades.
Un gros Officier au service d'. . . .	
Un Anglois.	
Une Marquise.	
Un Paysan.	
Un Auteur	
Un Officier françois.	

La Scène est dans la Pharmacie du Docteur, à Langnau.

LE MÉDECIN DE LA MONTAGNE,

PROVERBE.

SCENE PREMIERE.

LE DOCTEUR, *seul.*

Quoi ! toujours s'occuper des maux des autres, jamais des siens ! on les sent cependant.... Hélas ! oui, pauvre docteur ! l'amour est une maladie pour toi ! Ah Mina ! Mina ! tu es jeune & belle ; ta fraîcheur, tes beaux yeux commandent à mes sens, & mon ame obéit ; je puis prescrire des remèdes, des privations aux autres ; eh je ne puis m'y soumettre ! il n'est point de préservatif contre tes charmes ! Amoureux à cinquante ans, c'est un mal, un grand mal, & une grande folie pour un Docteur grave & sérieux. Epouser sa servante ! un fameux médecin, un homme pour lequel on vient du bout du monde !... eh bien ! c'eſt un trait de philoſophie, d'humanité, & on l'admirera. Un grand homme anoblit tout ce qu'il fait. Je ne puis plus douter de mon habileté, de ma célébrité, depuis que le haſard, depuis que la foule.... mais laiſſons dire & ne penſons point.... Mina eſt faite pour être la femme d'un médecin, elle parle de moi avec un reſpect, une admiration.... Déjà elle connoît toutes les drogues, elle preſcrit fort bien un régîme.... Oui, Mina, tu ſeras ma femme ! l'honneur d'être la femme du grand médecin de la montagne t'eſt réſervé ; tu jouiras de mes richeſſes, tu ſauras même les augmenter ; & ton cœur.... le cœur d'une femme de vingt ans ! Raiſon, empêche-moi d'aimer ? on ceſſe de parler quand on aime !

SCENE II.

MINA, LE DOCTEUR.

LE DOCTEUR.

MINA, je vous vois bien tard ce matin ?

MINA.

M. le Docteur, j'ai fait votre déjeuné, j'ai arrangé la maifon, & j'ai parlé à quatre ou cinq malades qui attendent depuis long-tems.

LE DOCTEUR.

Vous faites toujours à merveille, Mina; je voudrois vous récompenfer de votre zèle & de vos peines; vous favez que je vous aime, ma chère Mina, n'êtes-vous pas bien aife d'être aimée par votre maître, par un grand Docteur, par un homme riche? Si vous étiez fa femme ?

MINA.

Ce feroit un très-grand honneur d'être la femme de M. le Docteur; mais je ne fuis que fa fervante.

LE DOCTEUR.

Vous me fervez avec une fi grande fidélité, avec une affection fi tendre, fi foutenue.... J'en fuis touché, Mina; auriez-vous un peu d'amitié pour moi.... vous entendez, ma chère Mina, un peu d'amitié.

MINA.

Vous êtes ſi bon, M. le Docteur, ſi bienfaiſant pour tout le monde, ſi affable avec les payſans, ſi charitable avec les pauvres, qu'il ſeroit impoſſible de ne pas vous aimer, & de ne pas vous admirer; vous êtes ſeulement trop généreux avec les riches; ſi vos intérêts étoient les miens....

LE DOCTEUR.

C'eſt ce que je veux, Mina, & ſi je pouvois compter ſur votre tendreſſe..... mais depuis quelque tems, je vois que Gaſpard....

MINA.

Vous ſavez, Monſieur, que depuis que Gaſpard eſt votre interprète & votre ſecretaire, il a toujours été fidèle, il s'intéreſſe pour vous comme pour lui-même; il eſt vrai qu'il ſe plaint à moi, de ce que vous lui avez refuſé votre fille, il veut que je l'en conſole.

LE DOCTEUR.

Ma fille eſt une héritière, elle ſera fort riche, elle peut prétendre à un mari de diſtinction. Gaſpard eſt un honnête garçon, il me ſert bien, il eſt vrai, il eſt habile même;

même; mais il eſt pauvre, & il eſt mon domeſtique.

MINA.

Vous avez raiſon, M. le Docteur; moi auſſi je ne ſuis que votre domeſtique, je crois que lui & moi nous nous conviendrons beaucoup mieux; c'eſt ce qu'il me diſoit encore ce matin.

LE DOCTEUR.

Que dites-vous, chère Mina? vous pourriez penſer à Gaſpard & renoncer.... mais le voilà; je vous parlerai encore tantôt.

SCENE III.

LE DOCTEUR, MINA, GASPARD.

LE DOCTEUR.

Eh bien. Gaſpard, que font les fous? (1)

GASPARD.

M. le Docteur, je les ai déjà bien battus, les coups de bâtons font merveille; celui qui crie toujours, point de médecin, charlatan, charlatan, a été d'abord bien étrillé; enſuite, il a pris les remèdes, il commence à ſe diſtraire.

LE DOCTEUR.

Et celui qui joue toujours la comédie, que fait-il?

GASPARD.

Oh! pour celui-là, il eſt aſſez amuſant, je lui ai laiſſé dire tout le rôle de Zayre, & il a été aſſez tranquille; un moment après il a voulu faire une comédie ſur le grand Docteur de la montagne; oh! alors, je l'ai bien battu!

(1) Le Docteur Schupach qui a eu la plus grande réputation comme médecin, guériſſoit les fous en leur donnant des coups de bâton, il les faiſoit battre juſqu'à ce qu'ils fuſſent raiſonnables; ce remède lui a réuſſi avec pluſieurs, il modifioit les doſes, il aſſignoit les heures comme pour tout autre remède

LE DOCTEUR.

Il faut conduire tout cela avec prudence, Gaſpard, je vais les voir & prendre mon déjeuner, en attendant préparez les remèdes & les doſes pour les malades qui viendront aujourd'hui; & vous, Mina, voyez un peu ceux qui ſont là, vous les ferez entrer les uns après les autres, vous ferez attendre les plus preſſés ſans égard à leurs conditions, vous ménagerez tout cela... j'aurai encore à vous parler, Mina, penſez à ce que je vous ai dit. (*il ſort*)

SCENE IV.

GASPARD, MINA.

GASPARD.

VOUS avez l'air ſérieux, Mina, bien occupé; y auroit-il quelque choſe de nouveau?

MINA.

Mais, M. le Docteur m'a dit des choſes...

GASPARD.

Bien aiſées à deviner, je vous aſſure; il vous aime, M. le Docteur, cela eſt bien facile à voir, & je ne ſerois pas ſurpris qu'il penſât à vous épouſer.

MINA.

Quoi! M. le Docteur? moi, qui ne ſuis que ſa ſervante.

GASPARD.

Oui, vous qui êtes ſi jolie, qui le ſervez avec tant d'affection, vous qui ne parlez de lui qu'avec admiration & reſpect! Ah le pauvre Docteur! il en tient, le bon-homme; il a beau être vieux & ſavant, il eſt ſenſible; & comment ne le ſeroit-il pas à vos charmes, à vos marques d'intérêt & d'attachement? Ah Mina! vous ſavez bien ce que vous faites! je vous l'ai déjà dit, je vois votre deſſein.

MINA.

Mais, il eſt ſi bon M. le Docteur, il fait du bien à tout le monde, il nous traite comme ſes enfans; il ſeroit impoſſible de ne pas l'aimer.

GASPARD.

Et de plus il eſt fort riche, tous les jours il augmente ſes richeſſes; ce ſeroit aſſez joli d'être la femme du grand médecin de la montagne! on vous careſſe aujourd'hui comme ſa ſervante, & on vous traite en conſéquence; mais alors, vous ſeriez reſpectée, flattée, & vous recevriez des préſens magnifiques: je vous vois déjà une montre d'or au côté, de belles dentelles à la coiffure, une chaîne d'or au cou, & une collerette ſuperbe.

MINA.

Je ne ſais ce qui arrivera; mais je me ſens un tendre attachement pour notre maître, & je vous le confie, Gaſpard, il ne tiendra qu'à lui que je l'aime tout-à-fait & que je ſois ſa femme; il m'a bien dit quelque choſe là-deſſus; mais il eſt loin de ſe décider encore.

GASPARD.

Ecoutez, Mina, entendons-nous; certainement le Docteur eſt amoureux de vous, avec un peu de conduite vous en ferez ce que vous voudrez: il ne tiendra qu'à vous de me faire avoir ſa fille qu'il m'a refuſée; s'il ne ſe décide pas, s'il ne parle pas clairement, feignons de vouloir nous marier enſemble; il a beſoin de moi, je ne crains pas qu'il me renvoye, il vous aime, vous ferez le reſte avec votre adreſſe ordinaire, nous reſterons enſemble, & nos intérêts s'en trouveront bien.

MINA.

Mais, c'eſt ce que j'avois déjà penſé; je lui en ai dit quelque choſe il y a un moment, il doit me parler encore, & nous verrons: il faut aller voir ces malades qui s'impatientent & qui aſſiègent la porte; tenez, arrangeons vîte les drogues, j'ai déjà mis toutes les purgations de ce côté-là, tous les vomitifs de celui-ci; les poudres pour l'estomac sont dans ce sac, cet elixir dont on ne prend que cinq ou six gouttes est dans ce tonneau que j'ai rempli; les herbes, vous savez où elles sont, ainsi ne vous trompez pas.

SCENE V.

LE DOCTEUR & les Précédens.

LE DOCTEUR.

Les malades font un tapage effroyable; voyez un peu, Mina, il faut les faire entrer les uns après les autres, comme ils sont venus & sans distinction, les pauvres paysans à leur tour, ceux qui souffrent n'ont point de rang pour moi; qu'il n'y ait surtout point de désordre, & que l'on ne dérange rien. Gaspard, avez-vous copié les recettes dans ce livre? vous verrez un peu de ranger les ordonnances & les régimes. Mina, tenez-vous auprès des femmes; ces seigneurs de Paris, ces officiers François, surtout, sont quelquefois bien incommodes.

GASPARD.

Monsieur le Docteur, tout est prêt, les bouteilles sont rincées, il y aura beaucoup de monde à dîner aujourd'hui.

LE DOCTEUR.

Allons, faites entrer. (*L'on entend plusieurs perſonnes qui ſe diſputent pour entrer; & pendant les ſcènes ſuivantes, Gaſpard & Mina ſont entrer les malades, arrangent les remèdes, & ſont occupés dans la pharmacie*).

SCENE VI.

LE DOCTEUR, une DAME *en noir*.

LA DAME.

IL y a trois heures que j'attends, je ſuis certainement la plus preſſée, je ſuis ſi ſouffrante, je ne puis attendre plus long-temps, j'entrerai la première, s'il vous plaît (*elle entre en s'élançant*). Enfin, m'y voilà : ah! c'eſt M. le Docteur, je me ſens une émotion, je ne ſais ſi je pourrai parler.

LE DOCTEUR.

Madame, je vous prie d'avancer & de vous aſſeoir ſur cette chaiſe, s'il vous plaît.

LA DAME *en s'aſſeyant*.

M. le Docteur, je ſuis votre ſervante, il y a bien long-temps que je meurs d'envie de vous voir, je ſuis extrêmement malade comme vous allez voir (*elle cherche dans ſes poches*). Mais je ne la trouve pas, je l'avois cependant remiſe au chevalier, mais bientôt....

LE DOCTEUR.

Il n'eſt pas néceſſaire, madame, je vous examinerai bien, & vous me direz vos maux. (*il examine les yeux avec attention*)

LA DAME.

Ils ſont terriblement battus, mes yeux, M. le Docteur, horriblement battus : depuis le malheur qui m'eſt arrivé, je n'ai preſque ceſſé de pleurer, & je ne ſais ſi je pourrai raconter tous mes maux, plus de ſommeil, plus d'appétit, M. le Docteur.

LE DOCTEUR *lui tâte le pouls.*

Votre pouls n'eſt pas mauvais, cependant.

LA DAME.

Hélas ! peut-être bien, il eſt fort agité le matin quand je me réveille ; depuis que j'ai eu le malheur dont je parlois, de perdre mon pauvre mari, ma ſanté va toujours en dépériſſant ; cela n'eſt pas extraordinaire, ma vie eſt ſi différente ! il étoit jeune, mon mari, & nous nous aimions beaucoup : il eſt vrai qu'il me contrarioit preſque toujours ; il ſe mettoit en colère ſur tout, il n'y avoit point de jours qu'il n'eut quelque emportement ; il n'étoit content de rien : mais il avoit le cœur ſi bon, il étoit ſi tendre quelquefois ; enfin, il n'eſt plus, & le grand malheur, M. le Docteur, c'eſt que j'étois extrêmement enrhumée lorſqu'il mourut ; depuis ce moment ma ſanté a été tout-à-fait dérangée, j'ai de l'ennui, je n'ai plus de goût pour rien, je crains de ne me rétablir jamais.

LE DOCTEUR.

Madame, votre maladie n'eſt pas incurable, il faut vous diſtraire, la ſolitude ne vous convient pas, vous devriez faire un effort, & ne point fuir le monde & la ſociété ; vous devriez même, madame, ſonger à vous remarier.

LA DAME.

Hélas ! Monſieur, c'eſt à quoi j'ai penſé & tout eſt déjà arrangé ; mais ce long veuvage a altéré ma ſanté, j'ai beaucoup maigri, je voudrois reprendre un peu d'embonpoint ; une veuve maigre, vous comprenez, M. le Docteur, je ne veux pas avoir l'air malade, je voudrois ſeulement reprendre ma première fraîcheur, il y a sûrement quelque vice dans mon tempérament.

LE DOCTEUR.

Il eſt vrai, madame, qu'il y a beaucoup de foibleſſe dans votre conſtitution, mais je vais vous preſcrire des ordonnances dont vous vous trouverez bien. (*Il écrit*).

LA DAME.

Et le régime, M. le Docteur, le régime.

LE DOCTEUR.

De bonne nourriture, madame, des petits ſoupers, ne pas beaucoup veiller, & ſurtout ne pas autant ſoupirer, cela fait mal à la poitrine; il faut vous mettre l'eſprit en repos ſur l'affaire dont vous parliez, il faut la terminer.

LA DAME.

Oh, Monſieur, je ne ſuis pas preſſée, certainement je ne ſuis point preſſée, & ce ne ſera que la ſemaine prochaine.

LE DOCTEUR.

Fort bien, madame, on vous donnera vos remèdes.

LA DAME.

Ah! M. le Docteur, vous êtes un grand homme.

SCENE VII.

On entend bâiller dès la fin de la Scène précédente.

LE DOCTEUR, M. PENTAPOUF.

M. PENTAPOUF, *un gros homme bâillant à tout moment.*

C'EST mon tour, je crois, c'eſt mon tour, il eſt bien temps, j'attends depuis ce matin, depuis hier, déjà, & cependant je ſuis M. Pentapouf pour vous ſervir, M. le Docteur, je ſuis bien malade, je ſuis mourant, M. le Docteur, comme vous voyez (*il bâille*).

LE DOCTEUR.

Mettez-vous là, Monſieur, je vous prie.

PENTAPOUF.

Oui, je ſuis très-fatigué, j'ai monté la montagne en chaiſe, j'ai traverſé la cour à pied, & me voilà ſur mes jambes depuis un grand quart-d'heure (*en s'aſſeyant*), mais vous devriez bien avoir un fauteuil pour les malades qui s'aſſeyent ici.

LE DOCTEUR.

De quoi êtes-vous donc affligé, Monſieur? il falloit apporter....

PENTAPOUF.

Oh non, Monſieur, j'aime mieux vous dire mon mal que de vous le laiſſer deviner, c'eſt plus ſûr quand on eſt auſſi malade, (*il bâille*) c'eſt là, là (*il montre l'eſtomac*).

LE DOCTEUR.

Quoi, le poumon, la poitrine, vous n'avez pas l'air poitrinaire.

PENTAPOUF.

Et cependant je ſouffle beaucoup, mais c'eſt là, là, l'eſtomac, mauvais eſtomac (*il bâille*): je vais vous conter, tous les ſoirs j'ai là quelque choſe, & puis des... je ne ſais comment ils appellent cela, des aphoriſmes, je crois.

LE DOCTEUR.

Des borboriſmes, vous voulez dire, je comprends, vous n'avez pas d'appétit, vous ne mangez rien.

PENTAPOUF.

Si fait, ſi fait, de temps en temps quelque choſe; tous les matins, par exemple, deux ou trois taſſes de chocolat avec de la crême, & deux ou trois petits pains.

LE DOCTEUR.

Et vous ne dînez pas?

PENTAPOUF.

Si fait, ſi fait (*il bâille*): à dîner, je mange un peu, ce n'eſt pas mon repas que le dîner, ſeulement de la ſoupe, du bœuf, du jambon, du pâté, du rôti, un peu d'entremets, & ſeulement du fromage de Suiſſe au deſſert (*il bâille*).

LE DOCTEUR.

Alors vous ne mangez plus rien?

PENTAPOUF.

Si fait, ſi fait, pour faire quelque choſe en attendant le ſouper, je vais avec mes amis au café ou à l'aſſemblée; là, ſeulement, je goûte avec deux ou trois taſſes de café à la crême & trois ou quatre petits gâteaux, enſuite je fais trois ou quatre robers de visk, enſuite vient le ſouper, c'eſt alors que je mange quelque choſe, c'eſt un plaiſir que le ſouper avec les Dames: on mange bien, & puis le Bourgogne, & puis le Champagne, ça va bien; mais tenez, je ſens là, là, ſur l'eſtomac, un poids, une peſanteur; c'eſt-là M. le Docteur, là qu'eſt le mal, & il faut que j'aille coucher d'abord après le ſouper. (*il bâille*)

LE DOCTEUR.

Et vous ne faites point d'exercice, Monſieur, point de mouvement!

PENTAPOUF.

De l'exercice, du mouvement? ſi fait, ſi fait, après le déjeûner, je me promène dans le dîner, feulement de la foupe, du bœuf, du jambon, du pâté, du rôti, un peu d'entremets, & feulement du fromage de Suiffe au deffert (*il bâille*).

LE DOCTEUR.

Alors vous ne mangez plus rien?

PENTAPOUF.

Si fait, fi fait, pour faire quelque chofe en attendant le fouper, je vais avec mes amis au café ou à l'affemblée; là, feulement, je goûte avec deux ou trois taffes de café à la crême & trois ou quatre petits gâteaux, enfuite je fais trois ou quatre robers de visk, enfuite vient le fouper, c'eft alors que je mange quelque chofe, c'eft un plaifir que le fouper avec les Dames : on mange bien, & puis le Bourgogne, & puis le Champagne, ça va bien; mais tenez, je fens là, là, fur l'eftomac, un poids, une pefanteur; c'eft-là M. le Docteur, là qu'eft le mal, & il faut que j'aille coucher d'abord après le fouper. (*il bâille*)

LE DOCTEUR.

Et vous ne faites point d'exercice, Monfieur, point de mouvement!

PENTAPOUF.

De l'exercice, du mouvement? fi fait, fi fait, après le déjeûner, je me promène dans ma chambre trois ou quatre tours en long, il faut bien faire quelque chofe pour laiffer venir le dîner; après le dîner, je dors un peu, & le foir je reviens au logis prefque toujours à pied, c'eft de l'exercice cela : ah! je fuis très-malade, M. le Docteur, je fuis très-malade.

LE DOCTEUR.

Eh quoi, Monfieur, vous n'avez point de vocation, vous ne faites rien?

PENTAPOUF.

Si fait, fi fait, Monfieur, je fuis en femeftre, car je fuis officier en ***. *(il bâille)* C'eft-là que je fais de l'exercice, de chez moi à la parade; de la parade au café, & tous les jours la même chofe. J'ai bientôt affez fervi l'Etat, je compte me retirer & me repofer chez moi de mes fatigues. *(il bâille)* Mais, M. le Docteur, cette pefanteur fur l'eftomac, cela peut devenir quelque chofe de fâcheux, il faut me guérir, j'ai befoin de ma fanté. *(il bâille)*

LE DOCTEUR.

Monfieur, je vais vous donner un remède qui vous purgera par en haut & par en bas, c'eft ce qu'il vous faut, enfuite vous retrancherez deux repas.

PENTAPOUF.

Deux repas, M. le Docteur! deux repas! vous n'y penſez pas; dans ce pays où l'air eſt ſi vif, vous voulez me faire mourir de faim & d'inanition, je la ſens déjà. (*il bâille*) On dit que l'on dîne bien chez vous, je m'en réjouis & je vais voir ce qu'il y a pour le dîner.

SCENE VIII.

LE DOCTEUR, un ANGLOIS *qui vient s'aſſeoir ſans rien dire, & qui regarde le Docteur.*

LE DOCTEUR.

Vous êtes malade, Monſieur, je le vois (*il l'examine*); eſt-ce qu'il y a long-temps? Avez-vous pris beaucoup de remèdes?... Vous êtes fort maigre... avez-vous eu quelque maladie violente? la conſomption peut-être?.. Dites-moi ſeulement s'il y a long-temps que vous êtes malade.

L'ANGLOIS.

Pardiou, moi je veux pas parler, j'aime pas les queſtions, je ſuis veniou parce qu'on m'a dit qu'il n'y avoit pas beſoin de dire un parole, moi je ſuis libre, je veux pas parler.

LE DOCTEUR.

Dites-moi ſeulement ce qui vous fait mal, eſt-ce la poitrine? (*à chaque queſtion l'anglois fait un ſigne de tête pour dire que non*). Eſt-ce la rate? le ventre? la tête? le foie?

L'ANGLOIS.

La foi! non pas la foi, moi je crois rien.

LE DOCTEUR.

Je veux dire le foie, la bile, eſt-ce la goutte? le rhumatiſme? c'eſt peut-être la tête qui vous fait mal, qui eſt dérangée?

L'ANGLOIS.

No, Monſieur, no, c'eſt le parlement qui me fait mal, beaucoup de mal pardiou.

LE DOCTEUR.

Le parlement! mais je ne connois pas cette maladie.

L'ANGLOIS.

Oui, le parlement qui eſt vendiou au miniſtre, toute la nation eſt vendiou, il n'y a plus de liberté.

LE DOCTEUR.

Ah plus de liberté! cela eſt fâcheux, j'ai des remèdes pour cela; je vois ce que c'eſt, je vais vous faire une ordonnance. (*Il écrit*).

L'ANGLOIS.

Vous faire une ordonnance? moi, point d'ordonnance pardiou, je ſuis de l'oppoſition, un bill, un bill pour un Anglois libre.

LE

LE DOCTEUR.

Vous prendrez ce remède, & vous garderez la chambre pendant quelques jours.

L'ANGLOIS.

Je suis plus de la chambre, ma foi c'est un fichu chambre que la chambre des communes, toutes les élections ont été vendioux.

LE DOCTEUR.

Je crois qu'avec ces poudres & ces pillules vous guérirez fort bien.

L'ANGLOIS.

Moi je veux point guérir pardiou, je suis venu en Suisse pour voir les montaignes, ma foi c'est pas grand chose ces montaignes, ça fait rien à moi, & quand je serai retourné en Angleterre, je veux me touer, c'est la liberté angloise, & j'ai pas besoin de vous. (*En s'en allant*):godem, ce phisician est un grand bête.

(*Les deux scènes suivantes sont prises de M. De S***.*

SCENE IX.

LE DOCTEUR, LA MARQUISE.

LA MARQUISE, *en s'asseyant.*

AH! M. le Docteur, je n'en puis plus, je suis ici depuis un siècle, je vais expirer, je ne pourrai rien vous dire, heureusement que vous devinez tout, je suis d'une foiblesse, mais d'une foiblesse inouïe.

LE DOCTEUR.

Je suppose cependant, madame, que vous pourrez me dire quelque chose; à vous voir, je ne devinerois pas cette grande foiblesse: d'où vient-elle, je vous prie?

LA MARQUISE.

Je ne puis le comprendre, Monsieur, je mène la vie la plus tranquille, la plus réglée, je dors tout le matin, je ne me lève qu'à midi pour passer à ma toilette, ensuite je vais au spectacle où j'ai une petite loge, le soir un petit souper; un peu de jeu après, & je suis toujours couchée long-temps avant le jour, c'est affreux tout ce que j'ai souffert en venant ici. J'ai cru cent fois d'en périr, les chemins, les auberges, les lits, tout est déteſtable, c'eſt à mourir, mais c'eſt la fureur de venir ici, & j'y ſuis venue.

LE DOCTEUR.

Je vois, madame, que votre maladie n'eſt pas dangereuſe, le voyage même vous aura fait du bien.

LA MARQUISE.

Le voyage, Monſieur! vous ne connoiſſez donc pas toute ma foibleſſe, le moindre bruit me caſſe la tête, j'ai cru que les poſtillons me feroient devenir folle : comme ils jurent, ils ſont d'une groſſiéreté & d'une liberté! hélas! Monſieur, je ſouffre de tout ce que je vois & de tout ce que j'entends! Ah Dieux! quel pays que celui-ci, le peuple y parle un langage à faire mal aux oreilles, c'eſt de l'allemand, je crois; on voit bien que c'eſt une république étrangère, parlez-moi d'un royaume, on n'y entend que du françois, & le peuple n'y parle pas ſi haut, la vilaine choſe qu'une république.

LE DOCTEUR.

Sont-ce là tous vos maux, Madame?

LA MARQUISE.

Je les ai tous, mais tous, Monſieur, prenez-moi depuis les pieds juſqu'à la tête, j'ai tous les maux ſans exception, je palpite & je ſuis ſans mouvement; je friſſonne de tout, je m'anime pour rien, je ris & je pleure, je ſuis vive & indolente, j'ai un tourbillon dans la tête, & un engourdiſſement dans le cœur. Ils diſent que ce ſont les nerfs, toujours les nerfs, aujourd'hui tout eſt nerf, & tous nos maux ſont des vapeurs; pour moi, il me ſemble que je ſuis ſans nerf, je ne m'en ſoucie pas au moins.

LE DOCTEUR.

Madame, quel eſt votre âge?

LA MARQUISE.

Mon âge? Mais je ne ſais pas trop; qu'eſt-ce que ſont les années, M. le Docteur? mon mari dit que j'en ai quarante; mes amis aſſurent que je n'en ai pas vingt-neuf, & comme il vaut mieux croire le grand nombre, je m'en rapporte à eux. Mais, M. le Docteur, il faut me donner des forces, j'en ai beſoin pour la vie que je ſuis obligée de mener; vous ſavez à quoi eſt appelée une femme eſſentielle à Paris, il y a mille choſes que je ne puis ſoutenir; les jeunes femmes, par exemple, je ne puis ſupporter le bruit qu'elles font; leur gaîté, les hommes qu'elles ont autour d'elles, tout cela me donne des convulſions, je ne puis pas non plus me promener au printemps, l'odeur des fleurs m'incommode, & j'ai une frayeur affreuſe des chenilles; mon mari auſſi me donne des vapeurs à mourir; quand il eſt là je bâille; quand il n'y eſt pas je m'impatiente. L'autre jour bêtement il m'apporta un bouquet de roſes & de violettes, je crus que j'en perdrois la tête, je le priai bien vîte de s'en aller avec ces vilaines fleurs: s'il n'alloit pas quelquefois dans ſes terres, ſi on n'avoit pas des amis, la vie ſeroit bien inſupportable.

LE DOCTEUR.

Vous n'avez point d'enfans, madame?

LA MARQUISE.

Mon Dieu! eſt-ce qu'il n'en faut pas dans les familles? ces Meſſieurs n'en veulent-ils pas? je ſuis ſi bonne, ſi complaiſante, mon mari le ſait bien; j'ai fait pluſieurs fauſſes couches, & j'ai deux enfans; les médecins d'aujourd'hui avec leurs grands principes vouloient bien me les faire nourrir. Ah! j'ai ſu m'en défendre! ſi donc, être nourrice, nourrir ſoi-même ſes enfans! la ſeule idée en fait mal au cœur.

LE DOCTEUR.

Vous ne pouvez donc, madame, ſupporter ni votre mari, ni vos enfans?

LA MARQUISE.

Hélas! Monſieur, c'eſt ma foibleſſe,

mon pauvre tempérament, ma petite constitution; j'aime bien mon mari, il est bon homme; mais ces Messieurs disent si lourdement ce qu'ils veulent; cela est sans délicatesse; quand le mien est tendre, il me dégoûte; quand il est froid, il m'excéde; quand il me donne ce que je veux, il m'humilie; quand il me refuse, il est odieux; c'est le vrai symptóme de mes maux que mon mari. Ah Monsieur le Docteur! je les crois incurables! Pour mes enfans, je les aime beaucoup, certainement, beaucoup, j'ai des femmes excellentes qui en ont soin; tous les jours je les vois un quart-d'heure : on ne peut pas être toujours avec ses enfans, il faut bien donner quelques momens à ses amis; enfin, M. le Docteur, donnez-moi des forces, seulement que je puisse soutenir le spectacle, les petits soupers & le jeu; tous les soirs je suis d'une foiblesse extrême, sur-tout lorsque j'ai perdu mon argent, je suis obligée de me faire ramener chez moi par quelque homme, qui reste jusques-à ce que je sois endormie.

LE DOCTEUR.

Vous pouvez guérir, madame; mais j'ai peur que vous ne vouliez pas faire mon ordonnance.

LA MARQUISE.

Parlez, Monſieur, ordonnez toutes les potions, toutes les médecines, je vais les avaler toutes devant vous.

LE DOCTEUR.

Madame, il ne faut pas tant de choſes, je vous ordonne ſeulement de faire de l'exercice.

LA MARQUISE.

De l'exercice? mais j'en fais beaucoup, je ſors ſouvent en caroſſe.

LE DOCTEUR.

Ce n'eſt pas à vos chevaux, madame, que j'ordonne de l'exercice, c'eſt à vous; il faut faire de l'exercice avec les jambes.

LA MARQUISE.

Vous êtes comme les médecins de Paris, de l'exercice? de l'exercice? on diroit à les entendre que nous ſommes des pantins, & qu'en tirant une corde, nous allons remuer les bras & les jambes.

LE DOCTEUR.

Madame, tout le monde a ſa corde; ne danſez-vous jamais?

LA MARQUISE.

Quelquefois, ſeulement dans le carnaval, les nuits entières.

LE DOCTEUR.

Quoi! madame, vous pouvez remuer les jambes pour votre plaisir, & vous ne le pouvez pas pour votre santé; mais ce n'est pas tout, il faut essayer d'aller à la campagne avec M. votre mari, l'accompagner quand il ira dans ses terres, vous occuper de ce qu'il y fait, vous promener dans les chemins, voir les paysans, respirer l'air du matin; enfin vous occuper des autres, & pas tant de vous-même.

LA MARQUISE.

Ah! Monsieur, que dites-vous, avec mon mari dans ses terres? dans son vieux château! voir des paysans au village? vous voulez que je me promène en pleine campagne? moi qui ai peur des chenilles, je laisserois là mes amis de Paris, le wisk, la comédie? vous voulez m'exécuter, M. le Docteur, me faire mourir au bout de vingt quatre heures; cela ne se peut point, c'est absolument impossible; l'idée m'en fait frémir. Oh! comme je vais retourner à Paris! Adieu, Monsieur, j'avois bien à faire de venir si loin; ce médecin est bien allemand.

*

SCENE X.

UN PAYSAN, LE DOCTEUR.

LE PAYSAN, *soutenu par Gaspard.*

JE ne fais si j'ose entrer, il y a là tant de grands Messieurs, tant de grandes Dames.

LE DOCTEUR.

Entrez, entrez, mon ami ; Gaspard, faites asseoir ce pauvre homme, il a l'air d'être bien malade ; tenez, camarade, mettez-vous là, & posez votre jambe sur cette chaise ; là, êtes-vous bien. (*Le Docteur l'arrange*) ?

LE PAYSAN.

Ah ! M. le Docteur, je suis mieux qu'il ne m'appartient ! que vous êtes bon ! ils me l'avions bien dit qu'ous aimiez les paysans, & que vous guérissiez aussi bien un paysan qu'un Monsieur de la ville.

LE DOCTEUR.

Expliquez-moi bien vos maux, mon ami, qu'avez-vous aux jambes, un rhumatisme?

LE PAYSAN.

Monsieur a bien deviné, tant seulement un rhumatisme, que queuque fois je ne puis remuer ni pieds, ni pattes; mais ce n'eſt rien.

LE DOCTEUR.

Vous paroiſſez ſouffrir beaucoup!

LE PAYSAN.

Oh! non, Monſieur, je me conſolerois ſeulement que ce diable de mal ne m'enfoncit pas comme des alênes dans les jambes, & queuque fois auſſi dans les bras, c'eſt comme du feu; oh dame! quand il s'y boutte, ce n'eſt pas pour me chatouiller.

LE DOCTEUR.

Et que faites-vous pour vous ſoulager?

LE PAYSAN.

Oh dame! je prenons patience, quand on a le mal, il faut bien le ſupporter; m'eſt avis qu'on ſouffre moins quand on eſt tranquille; à quoi ſert-il de crier, ça ne fait que tourmenter les autres?

LE DOCTEUR.

Comment cette maladie vous eſt-elle venue? depuis quand ſouffrez-vous?

LE PAYSAN.

Il faut vous conter ça, M. le Docteur, ce ſera bientôt fait; un jour de l'été paſſé qu'il faiſoit Dieu merci beau ſoleil, je moiſſonnions à grand hâte, parce que je craignons la pluie, je n'en pouvions plus de chaud; au milieu de ça, j'entendîmes crier du côté de la rivière, à l'aide! au secours! j'écoutâmes, & ils criont encore plus fort, par ma fi, je plantis là mon bled & ma faucille, je courûmes de toutes mes forces vers l'endroit où ils criont; ah! mon bon Monsieur! quand j'y fus, je vis clairement comme je vous vois, notre voisin Guillaume qui se débattoit au beau milieu de la rivière, & tot je quittai ma veste, mes souliers & ma culotte sauf votre respect; je savions nager comme une grenouille, & en quatre brassées je fûmes à l'endroit où étoit Guillaume; mais le pauvre garçon n'y étoit déjà plus, il étoit au fond, & je ne perdis pas la tête, je plongis, & par la grace de Dieu je le trouvis, je le saisis par les cheveux, & d'un tour de main, je le remontis, & de l'autre en nageant je fis à bord.

LE DOCTEUR.

Je comprends que c'est ce qui vous a donné ces douleurs, vous auriez dû vous sécher & vous réchauffer bien vîte.

LE PAYSAN.

Oh parguenne! falloit penser à Guillaume avant, ses gens étions si effrayés, qu'ils ne savions ce qu'ils fasions; ils l'auriont laissé mourir, il étoit là ni plus ni moins qu'une pierre; j'avons lu dans un livre qu'est fait pour le peuple, comme il faut faire, & je n'y manquâmes pas; voilà que le pauvre garçon revint à li comme s'il avoit été mort : que j'eûmes de plaisir quand il ouvrit les yeux! j'en pleurions d'aise! Allons, mon ami Guillaume, ça ne sera rien, courage; & je le frottâmes tant que la vie lui revint tout-à-fait; mais il étoit si foible qu'il falloit le porter chez li, je ne le quittâmes pas jusqu'au matin; sa femme & ses pauvres petits enfans n'avions pas la force de le secourir, & rian dans la maison pour l'y bailler; mais par ma fi vint la pluie & un orage terrible qui gâtit toute notre moisson, notre bled fut presque tout perdu, je disions qu'est-ce que ça fait, j'ons sauvé le pauvre Guillaume. Cependant, j'avions besoin de ça pour nos enfans. je comptions sur ce bled pour du pain, & je croyons bien, M. le Docteur, que c'est le plaisir que j'avions de l'un, & le chagrin que j'avions de l'autre, qui m'a baillé cette maladie.

LE DOCTEUR.

C'est trop d'avoir des maux & des chagrins, êtes-vous resté dans le besoin? tout a-t-il été perdu?

LE PAYSAN.

Que voulez-vous, M. le Docteur, on n'a pas toujours assez, eh bien on se passe de ce qui manque! ce pauvre Guillaume n'a rien & beaucoup d'enfans qui ont de la peine à vivre, ils ont bien fait tout ce qu'ils pouvont pour nous, on fait comme y va, quand il y a peu, on mange peu; & depuis cet accident nous ne fasons qu'une famille, nous fasons tout par ensemble, & j'en avons pus de plaisir que si je faisions deux moissons dans notre champ.

LE DOCTEUR.

Eh bien, mon ami, je vais vous donner des remèdes, & j'espère que vous guérirez bien vîte.

LE PAYSAN.

Oh non! non, Monsieur, il faut d'abord que Monsieur pense à ce pauvre Guillaume! je n'aurons peut-être pas de quoi paier les remèdes pour tous deux; du depuis qu'il est tombé dans l'eau, l'y est resté une toux sur la poitrine, ça l'y empêche quelquefois de travailler; eh mon Dieu, ces pauvres enfans! Faut le guérir, M. le Docteur, je vous en prie, c'est comme un rhume, & pis il est devenu maigre; M. le Docteur comprendra bien.

LE DOCTEUR.

Je penſerai à tous les deux, & vous aurez auſſi des remèdes pour lui; mais je veux vous ſoulager, vous ſouffrez beaucoup, vous êtes miſérable avec vos maux.

LE PAYSAN.

Pas tant, Monſieur, en vérité, pas tant; je ſis même mieux que je ne mèrite, ſi vous voyez ma petite famille, ça vous charmeroit, ça vous feroit pitié; quand je ſis tout à plat étendu dans mon lit, les petits garçons, les petites filles venons tout à l'entour avec ma femme; mon ami, me dit-elle, ça tu ſouffres, n'eſt-ce pas? nanain, ma femme, ça va bien; ma mère, mon père ſouffre-t-il? non, mon enfant, il ne ſouffre pas? mon père ne ſouffre pas dit Pierrot? mon père ne ſouffre pas, dit Marie? & pis les vela qu'ils répétent cela vingt fois, & pis crionț tout doucement, & pis y ſe pouſſont, y jouient, y crionț, ma femme ne veut pas, taiſez-vous? oh! ma femme, laiſſe-les faire? vois-tu pas qu'ils ſont bien aiſes; mais tout ça vous ennuie, M. le Docteur.

LE DOCTEUR.

Non, mon ami, je veux ſavoir ce que vous ſouffrez, & ce qui vous ſoulage.

LE PAYSAN.

Hélas! Monſieur, je remercions Dieu tous les jours de la femme & des enfans qu'il m'a baillé; mais ça me tourmente bien; car voyez-vous, M. le Docteur, n'y a patience qui tienne quand cette diantre de douleur me déchire la piau & la chair, faut que je crie, j'ons biau faire, je me retiens tant que je puis; mais ça échape & j'en ſis fâché après; car vela ma femme, vela mes enfans qui accourront comme des perdus, eh bien mon ami! eh bien mon père! eſt-ce que vous ſouffrez? non, non.... ſi, ſi, dites-vîte où c'eſt, ma fi je leur dis c'eſt l'épaule, c'eſt le bras; & tout auſſi-tôt le petit garçon m'applique ſa petite main toute chaude, ma femme vient qui me frotte tout doucement; queuque fois je crie, & ma femme de dire pardon mon ami, j'irai plus doucement; & pis vient le pauvre Guillaume & ſes enfans, & je ſommes guéris quand je voyons tout ça; c'eſt ni plus ni moins que ſi j'avallions du baume; y ſemble que ça chaſſe ma douleur, queuque fois je pleure de plaiſir, & quand je pleure je ne ſouffrions pas.

LE DOCTEUR.

Mon ami, il ne vous manque que de la ſanté pour être heureux, & vous méritez de l'être; je vais vous donner des remèdes que vous ferez d'abord, & bien exactement; vous lirez mon ordonnance à votre femme, afin qu'elle faſſe bien ce qu'elle preſcrit; vous ferez bientôt ſoulagé, & vous reviendrez me voir. (*Il écrit.*)

LE PAYSAN.

Et pour Guillaume, M. le Docteur, faut guérir Guillaume avant moi.

LE DOCTEUR.

Voilà auſſi pour Guillaume, & vous l'amènerez lorſque vous reviendrez, je ne négligerai rien, juſques à ce que vous ſoyez guéris tous les deux; il n'y a point de cure qui puiſſe me faire plus de plaiſir.

LE PAYSAN.

Je ne ſais ſi je pourrions ſatisfaire pour tous les deux!

LE DOCTEUR.

Je ne veux rien, mon ami, je ſerai trop payé ſi je puis vous rendre la ſanté. Adieu, bon jour, allez bien doucement; Gaſpard, aidez-lui à ſortir. (*Ils lui aident tous les deux*)

LE PAYSAN.

Le bon Dieu béniſſe M. le Docteur!

SCENE

SCENE XI.

LE DOCTEUR, UN HOMME, *en habit noir perruque à bourse, vient vîte s'emparer de la place.*

M. DE L'EMPIRÉE.

Monsieur, vous avez sûrement entendu parler de moi; je suis Monsieur de l'Empirée, Monsieur le Docteur. Je vais vous dire mon cas en quatre mots : je connois un peu la médecine, j'ai beaucoup réfléchi sur l'influence du physique sur le moral : c'est mon mal, Monsieur, que le physique; la nature m'a donné de l'esprit, du génie, je puis dire abondamment, par malheur ils sont associés à une matière grossière, imparfaite; je sens toute l'étendue de mon génie : il est peu d'objets qu'il n'embrasse; mais il faut le développer, & ce sont les organes qui s'y refusent; c'est le genre nerveux qui est engourdi; la fécondité de mon esprit est inutile, l'abondance de mes idées les obstrue, le feu de mon imagination reste immobile. Hélas! Monsieur, sans cette incommodité, je serois assuré de l'immortalité; cependant je puis me flatter encore d'y parvenir; déjà j'ai quelque réputation; vous connoissez sans doute cette brochure que j'ai faite sur le moral des femmes, elle fit assez de bruit dans son tems, vous l'avez lue, je pense.

LE DOCTEUR.

Monsieur, je n'ai pas trop le tems de lire, & quand je lis c'est pour m'instruire sur la médecine.

M. DE L'EMPIRÉE.

Vous y apprendriez quelque chose, Monsieur, il y a beaucoup de vers & des idées; mais je crois que j'en ai un exemplaire sur moi. (*Il cherche dans ses poches*) Je veux que vous la lisiez, vous jugerez mieux de ma maladie, vous y verrez des traits qui annoncent un génie vaste, brillant; les vers ne me coûtent pas plus que la prose; je pense même en vers quelquefois, c'est moi qui ai fait cette romance que vous connoissez, l'esprit est tout, le cœur est inutile; je vais vous la chanter. (*Il fredonne*)

LE DOCTEUR.

Je n'ai pas le tems d'entendre des chansons, il y a beaucoup de malades qui attendent; dites seulement vos maux, Monsieur?

M. DE L'EMPIRÉE.

Voici de quoi il s'agit : j'ai fait un poëme sur le jour de l'an, mais je ne vous en parlerai pas : quand je compose, (&

cela m'arrive ſouvent,).... hier, j'ai fait une épigramme ſur le gouvernement, où il ne manque que la fin; ce matin, j'ai commencé pluſieurs ſtrophes d'une ode ſur les mauvais chemins; eh bien! Monſieur, lorſque je veux compoſer, je ſens là dans la tête comme une peſanteur, comme du plomb, qui arrête les idées; tenez, c'eſt là, là. (*il montre la tête.*)

LE DOCTEUR.

Je vois, Monſieur; je ne crois pas cependant que ce ſoit du plomb que vous ayez dans la tête.

M. DE L'EMPIRÉE.

Tenez, Monſieur, par exemple, je veux faire un poëme, une tragédie; le plan eſt là, j'ai là le nœud, l'intérêt, l'invention; eh bien! je ne puis le ſortir, il y a quelqu'embarras, quelqu'obſtruction, je le ſens parfaitement; l'autre jour il me vint tout d'un coup dans l'eſprit un poëme épique ſur la médecine; le ſujet eſt riche, je le ſaiſis dans un inſtant, dans le premier chant je peins la nature bien portante. Quelle abondance de tableaux! quelle foule de peintures dans tous les genres! Vous comprenez, M. le Docteur: dans le ſecond chant c'eſt la nature malade, contraſte parfait, variété dans les objets; dans le troiſième je décris la médecine descendant des Cieux sur un serpent; elle parcourt les malades, elle tâte le pouls à l'un, elle palpe l'autre, elle examine les matières, l'apoticaire la suit, vous entendez: dans le quatrième chant, c'est la convalescence, c'est le plus court: dans le cinquième c'est la mort, c'est le plus long: dans le sixième....

LE DOCTEUR.

Monsieur, je vous prie, parlez-moi de vos maux.

M. DE L'EMPIRÉE.

Eh bien, Monsieur, toutes ces idées restent là, je ne puis les sortir; c'est un engourdissement dans les fibres du cerveau, un épaississement dans le fluide nerveux, il faut travailler là-dessus, M. le Docteur, il faut employer les spiritueux, les volatiles, les esprits alkalins, & alors, l'immortalité, Monsieur, l'immortalité, elle est à moi; il y a là quatre tragédies sublimes, qui croupissent, & des poëmes! Ah! Monsieur, quelle renommée! la postérité en sera étonnée! Otez cette obstruction, dissipez, attenuez.

LE DOCTEUR.

Monsieur, n'avez-vous point d'autres occupations que des vers, des tragédies? Si vous aviez une femme, par exemple?

M. DE L'EMPIRÉE.

J'ai bien une femme ; mais qu'eſt-ce que ça me fait ? eſt-ce avec ſa femme que l'on va à l'immortalité ? ça tient la maiſon, gouverne le ménage ; comme Molière, je lis quelquefois mes pièces dans mon domeſtique ; mais cela ne ſent rien : Voltaire, d'Alembert, Diderot n'ont point eu de femme, & je crois que la mienne eſt un obſtacle à mes productions. Apollon ne s'eſt jamais marié ; j'ai fait une ſottiſe, vous avez raiſon, M. le Docteur, j'ai fait une grande ſottiſe.

LE DOCTEUR.

Si vous aviez des enfans, cependant, vous pourriez vous occuper....

M. DE L'EMPIRÉE.

Eh mon Dieu ! j'ai des enfans ; mais qu'eſt-ce que ça me fait ? voulez-vous que je renonce à l'immortalité pour mes enfans ? cela inquiéte, cela ennuye, on ne peut compoſer heureuſement avec une famille ; je me retire dans un appartement bien reculé, & je m'enſevelis dans ma bibliothèque.

LE DOCTEUR.

Vous devriez, Monſieur, renoncer à ce genre de vie & à ces compoſitions, j'ai peur que votre ſanté n'en ſouffre, prenez plutôt quelque charge, quelqu'emploi.

M. DE L'EMPIRÉE.

J'ai une charge, Monsieur, j'ai une charge; mais qu'est-ce que ça me fait, je suis Conseiller du Roi; mais on ne va pas à l'immortalité en écoutant l'avis des autres & en donnant le sien : travaillez sur mon cerveau, Monsieur, je vous en conjure, sur les fluides, sur la fibre; donnez plus de ressort, plus de mobilité aux nerfs, & alors laissez-moi faire, je suis sûr de l'immortalité, elle est là, Monsieur, là, (*il montre sa tête*) je vois à vos signes (*ici le Docteur fait des signes à Mina qui est entrée avec un Officier françois qui lui baise la main, & qui lui parle avec beaucoup de vivacité*) que vous me jugez très-malade, n'importe, Monsieur, essayez tout, dussai-je en mourir, je veux être immortel.

SCENE XII.

UN OFFICIER, MINA, & les Précédens.

LE DOCTEUR.

EH bien! monſieur, je vais vous ordonner une poudre que vous prendrez par le nez.

L'OFFICIER FRANÇOIS *dans le fond du théâtre.*

Belle Mina, c'eſt vous qui ſerez mon médecin, vos yeux ont fait le mal, vous trouverez le remède.

(*Le Docteur va prendre Mina par la main, & l'amène à côté de lui, l'Officier ſuit Mina.*)

M. DE L'EMPIRÉ *continue.*

Bien imaginé, M. le Docteur; oui, par le nez, cela agira directement ſur le ſiège du mal. (*il va à Gaſpard,*) M. le ſecretaire, l'apoticaire, donnez-moi ſeulement une bonne doſe, ne la ménagez pas. M. le Docteur, je vous dédierai mon premier ouvrage; allons à l'immortalité, à l'immortalité! (*il ſort*)

SCENE XIII.

LE DOCTEUR, L'OFFICIER, MINA.

LE DOCTEUR *s'est mis entre l'Officier & Mina.*

Vous voulez consulter, je crois, monsieur?

L'OFFICIER.

M. le Docteur, vous avez là une fille charmante, diable ! que vous êtes heureux !

LE DOCTEUR.

Monsieur, c'est la servante, voulez-vous bien dire votre maladie ?

L'OFFICIER.

Votre servante ! mais c'est qu'on en feroit ce qu'on voudroit ; on ne voit de ça qu'au village ; une fraîcheur & une innocence ! si mademoiselle Mina vouloit..... Vous trouverez assez de servantes, M. le Docteur, laissez-moi parler à mademoiselle Mina. (*il passe à côté de Mina*)

LE DOCTEUR *se remet entre deux.*

Monsieur, vous vous portez fort bien, à ce qu'il me semble ; il y a là beaucoup de malades qui attendent.

L'OFFICIER.

Mais, non, je ne me porte pas bien, j'ai les nerfs extrémement délicats, par exemple.... laiſſez-moi dire cela à made-moiſelle Mina, je lui expliquerai beaucoup mieux. (*il repaſſe à côté de Mina*)

LE DOCTEUR *ſe remet toujours entre deux.*

Elle n'entend pas le françois; je guéris fort bien les nerfs, j'ai ici pluſieurs malades dont je traite les nerfs.

L'OFFICIER.

Je ſuis fort ſujet aux émotions, M. le Docteur, je ſuis d'une ſenſibilité.... tenez, par exemple, d'abord que j'ai vu mademoiſelle Mina, j'ai ſenti là quelque choſe; je vais lui conter cela.

LE DOCTEUR.

Si ce n'eſt que cela, ce ne ſera rien; il n'y a qu'à prendre l'air & voyager beaucoup.

L'OFFICIER.

Et lorſque je trouve des obſtacles, j'entre en fureur, je bats, je tue même; ſi j'étois amoureux de mademoiſelle Mina, par exemple, je ferois le diable pour lui plaire, pour lui dire que je l'aime, que je l'adore; pour lui baiſer les mains, tenez, vous allez voir. (*il paſſe à côté de Mina*)

LE DOCTEUR *ſe remettant entre deux.*

Cela vous paſſera, Monſieur; vous ne reſtez pas long-tems ici?

L'OFFICIER.

Mais que diable, M. le Docteur, elle n'est que votre servante, au bout du compte, & moi je veux en faire ma maîtresse; je crois que l'un vaut bien l'autre (*il passe à côté de Mina.*) Oui, belle Mina, vous êtes charmante, je vous ferai un sort délicieux, nous irons à Paris, & vous aurez bientôt un carosse, des diamans....

LE DOCTEUR *se remet entre deux.*

Il est tard, je crois que nous allons dîner, vous devriez aller prendre votre place, Monsieur.

L'OFFICIER.

Ma place est auprès de mademoiselle Mina, elle dînera avec nous, & je vais lui donner la main.

LE DOCTEUR.

Non, Monsieur, elle ne peut pas, elle a des affaires dans ce moment, c'est elle qui gouverne la maison; je vous prie de nous laisser....

L'OFFICIER.

Mais, madame Mina viendra dîner avec nous, je ne dîne pas sans elle, & je veux être assis à ses côtés; allons, je vais l'attendre & marquer sa place. Oui, belle Mina, vous êtes adorable, ou le diable m'emporte.

A propos, M. l'apoticaire, qu'eſt-ce que je vous dois? je veux des remèdes; mais je verrai tout cela tantôt. Adieu, belle Mina, ne me faites pas trop attendre.

LE DOCTEUR.

Gaſpard, allez dire aux autres malades qui attendent, que ce ſera pour l'après-midi.

SCENE XIV.

LE DOCTEUR & MINA.

LE DOCTEUR.

Il y a des malades bien incommodes; celui-ci me fait sentir l'inconvénient de laisser plus long-tems les choses comme elles sont; qu'en pensez-vous, Mina?

MINA.

Je n'ai rien à dire, M. le Docteur, vous savez tout, vous êtes le maître de tout.

LE DOCTEUR.

Non, Mina, je ne sais point ce que vous pensez, je ne sais point si votre cœur.... Ce que vous m'avez dit de Gaspard!.... Eh bien, est-ce lui! qui....

MINA.

Ce n'est point lui que je sers avec tout le zèle & l'attachement dont je suis capable, ce ne sont point ses intérêts qui me sont chers, ni ses ordres que j'écoute, & que je suis avec plaisir depuis long-tems; ce n'est point de lui dont la charité & la bienfaisance me touchent, & que j'admire; il est vrai qu'il est très-honnête garçon, très-habile; s'il n'aimoit pas votre fille, s'il n'en étoit pas aimé.... C'eſt à eux que vous devez penſer.

LE DOCTEUR.

Quoi! Mina, vous pouvez être ſi généreuſe, ſi déſintéreſſée, lorſque vous pouvez diſpoſer de tout, être la maîtreſſe de tout? ce n'eſt pas ce que vous diſiez ce matin.

MINA.

Gaſpard vous eſt utile, néceſſaire même, vous ne pouvez vous en ſéparer ſans que vos intérêts en ſouffrent, vous devez vous l'attacher: ſi vous préférez quelqu'autre ambition pour votre fille, je ne puis condamner ſes vues ſur moi; je dois chercher à me mettre à l'abri des ſoupçons, des ſots diſcours; & je n'ai point d'autre moyen que de conſoler Gaſpard du refus que vous lui faites.

LE DOCTEUR.

Ah! Mina, que dites-vous?.... Gaſpard vous devra ſon bonheur, je conſens dès ce moment à ſon mariage avec ma fille; & moi, Mina, & votre bonheur & le mien!... Vous ne dites rien, que dois-je en conclure? A votre âge, pourriez-vous être la femme d'un vieux Docteur?... Oui, je le veux, je vous offre ma main, vous ſerez aimée, chérie; vous ſerez à moi ſi votre cœur le veut auſſi.

MINA.

Ce n'eſt point d'aujourd'hui que vous devez le connoître ; il eſt bien plus ſenſible au bonheur d'être aimée par ſon maître, qu'à l'honneur d'être la femme du grand Docteur de la montagne.

LE DOCTEUR.

Dès ce moment, Mina, je vous engage ma foi ; je vais déclarer à tout le monde que vous êtes ma femme, on jugera de mon bonheur en vous voyant ; mais perſonne ne le ſentira comme moi, ma chère Mina.

MINA.

Oui, Monſieur, votre bonheur doit être le plus grand, vous faites quatre heureux.

FIN.

RECUEIL

DE

PIÈCES DIALOGUÉES.